世界哲學家叢書

洛　克

謝　啓　武　著

1997

東大圖書公司印行

國立中央圖書館出版品預行編目資料

洛克／謝啓武著.--初版.--臺北市：
東大發行：三民總經銷，民86
面；　公分.--(世界哲學家叢書)
參考書目：面
含索引
ISBN 957-19-1975-6 (精裝)
ISBN 957-19-1969-1 (平裝)

1.洛克 (Locke, John, 1632-1704)
　-學術思想-哲學

144.34　　　　　　　　　85014157

國際網路位址　http://sanmin.com.tw

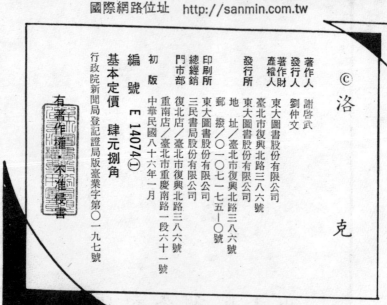

ⓒ 洛　　克

著 作 人　謝啓武
發 行 人　劉仲文
產權作財人　東大圖書股份有限公司
　　　　　臺北市復興北路三八六號
發 行 所　東大圖書股份有限公司
　　　　　地址／臺北市復興北路三八六號
　　　　　郵撥／〇一〇七一七五一〇號
印 刷 所　東大圖書股份有限公司
總 經 銷　三民書局股份有限公司
門 市 部　復北店／臺北市復興北路三八六號
　　　　　重南店／臺北市重慶南路一段六十一號
初　　版　中華民國八十六年一月
編　　號　E 14074①
基 本 定 價　肆元捌角
行政院新聞局登記證局版臺業字第〇一九七號

ISBN 957-19-1975-6 (精裝)

「世界哲學家叢書」總序

　　本叢書的出版計畫原先出於三民書局董事長劉振強先生多年來的構想，曾先向政通提出，並希望我們兩人共同負責主編工作。一九八四年二月底，偉勳應邀訪問香港中文大學哲學系，三月中旬順道來臺，即與政通拜訪劉先生，在三民書局二樓辦公室商談有關叢書出版的初步計畫。我們十分贊同劉先生的構想，認為此套叢書（預計百冊以上）如能順利完成，當是學術文化出版事業的一大創舉與突破，也就當場答應劉先生的誠懇邀請，共同擔任叢書主編。兩人私下也為叢書的計畫討論多次，擬定了「撰稿細則」，以求各書可循的統一規格，尤其在內容上特別要求各書必須包括（1）原哲學思想家的生平；（2）時代背景與社會環境；（3）思想傳承與改造；（4）思想特徵及其獨創性；（5）歷史地位；（6）對後世的影響（包括歷代對他的評價），以及（7）思想的現代意義。

　　作為叢書主編，我們都了解到，以目前極有限的財源、人力與時間，要去完成多達三、四百冊的大規模而齊全的叢書，根本是不可能的事。光就人力一點來說，少數教授學者由於個人的某些困難（如筆債太多之類），不克參加；因此我們曾對較有餘力的簽約作者，暗示過繼續邀請他們多撰一兩本書的可能性。遺憾的是，此刻在政治上整個中國仍然處於「一分為二」的艱苦狀態，加上馬列教

條的種種限制，我們不可能邀請大陸學者參與撰寫工作。不過到目前為止，我們已經獲得八十位以上海內外的學者精英全力支持，包括臺灣、香港、新加坡、澳洲、美國、西德與加拿大七個地區；難得的是，更包括了日本與大韓民國好多位名流學者加入叢書作者的陣容，增加不少叢書的國際光彩。韓國的國際退溪學會也在定期月刊《退溪學界消息》鄭重推薦叢書兩次，我們藉此機會表示謝意。

　　原則上，本叢書應該包括古今中外所有著名的哲學思想家，但是除了財源問題之外也有人才不足的實際困難。就西方哲學來說，一大半作者的專長與興趣都集中在現代哲學部門，反映著我們在近代哲學的專門人才不太充足。再就東方哲學而言，印度哲學部門很難找到適當的專家與作者；至於貫穿整個亞洲思想文化的佛教部門，在中、韓兩國的佛教思想家方面雖有十位左右的作者參加，日本佛教與印度佛教方面卻仍近乎空白。人才與作者最多的是在儒家思想家這個部門，包括中、韓、日三國的儒學發展在內，最能令人滿意。總之，我們尋找叢書作者所遭遇到的這些困難，對於我們有一學術研究的重要啟示（或不如說是警號）：我們在印度思想、日本佛教以及西方哲學方面至今仍無高度的研究成果，我們必須早日設法彌補這些方面的人才缺失，以便提高我們的學術水平。相比之下，鄰邦日本一百多年來已造就了東西方哲學幾乎每一部門的專家學者，足資借鏡，有待我們迎頭趕上。

　　以儒、道、佛三家為主的中國哲學，可以說是傳統中國思想與文化的本有根基，有待我們經過一番批判的繼承與創造的發展，重新提高它在世界哲學應有的地位。為了解決此一時代課題，我們實有必要重新比較中國哲學與（包括西方與日、韓、印等東方國家在內的）外國哲學的優劣長短，從中設法開闢一條合乎未來中國所需

求的哲學理路。我們衷心盼望，本叢書將有助於讀者對此時代課題的深切關注與反思，且有助於中外哲學之間更進一步的交流與會通。

最後，我們應該強調，中國目前雖仍處於「一分為二」的政治局面，但是海峽兩岸的每一知識分子都應具有「文化中國」的共識共認，為了祖國傳統思想與文化的繼往開來承擔一分責任，這也是我們主編「世界哲學家叢書」的一大旨趣。

傅偉勳　韋政通

一九八六年五月四日

郭　序

　　謝啟武先生晚年兼治中西哲學，在中國哲學方面以詮釋老莊哲學為主，在西洋哲學方面以洛克的研究為主，兩方面都能提出獨到之見，言人所未言。謝先生有關老莊的研究以及其他中國哲學方面的論文都已收集在《天籟的人生哲學》一書中。關於洛克的研究，謝先生曾對《人類認知論》一書逐卷逐章加以疏理，並寫成數篇長文加以申論發揮，後來謝先生又與東大圖書公司簽約，撰寫一部系統論述洛克哲學的著作，列入「世界哲學家叢書」之中。可惜在書未出版之前突然罹患重病，不幸逝世。這本書的出版不僅為謝先生完成一個未了的心願，也使得謝先生的一個重要學術業績能夠更廣泛為人所知，實在是值得欣慰的事。

　　謝夫人封德徐女士在謝先生生前辛勤持家，撫育子女，使謝先生得以專心治學，無後顧之憂。謝先生過世之後，德徐女士又積極整理遺著，聯絡出版事宜，鍥而不捨，甘苦備嘗，其心志之堅，情意之深，真是世間少有，令人感動萬分。東大圖書公司基於對文化事業的熱忱，以及對學者心血的珍惜，毅然決定出版謝先生此一生

前的遺稿，義舉可風，在此謹以謝先生友人和同道的身份，向書局
負責人表示最大的敬意。

郭博文

1996年2月

沈　序

　　為了要給已去世的謝啟武教授的新著《洛克》一書寫序，我有機會拜讀了他的書稿，使我得以再度接近這位嚴肅的哲學工作者的思想，一方面既為此而對謝教授愈感敬佩，另一方面也因此而感到莫名的喟嘆。因為謝教授的兩本大著，無論是先前出版的《天籟的人生哲學》，或是這本《洛克》，都是在他遽歸道山之後才出版問世。這兩本書的出版似乎延續著他的精神生命，使其思想結晶得以繼續嘉惠學界。然而，他本人卻未能來得及嘗到出書時的喜樂了，豈不令人為之頓感哀傷！

　　所幸，這本《洛克》遺稿終究能夠問世，使後人能夠透過字裏行間，體會謝教授的學問思想與治學風範，並因此將他治學的精萃，再度活生生的呈現在世人面前。我想，這大概也正是極力促成此書出版的謝夫人封德徐女士的用心所在吧！

　　在研讀書稿的過程中，我逐漸體會到，謝教授的為學與思想，一方面重視整全的思想視野，另一方面也力求論證與分析的嚴謹性。若無整全的視野，思想易流於瑣碎；若無嚴謹的論證，思想易流於武斷。兼顧兩者，是謝教授治學之精神所在。正如同他在《天籟的人生哲學》一書中，一方面嚮往一個融合莊子天籟與孔子仁道的人生哲學，另一方面又思以嚴格的論證成立中國哲學。同樣的，在本

書當中，他一方面指出「洛克的思想在處理人的問題，人的問題是
洛克思想的中心」，為此，在本書中謝教授嘗試論述洛克有關人的思
想的種種內涵，諸如政治、教育、宗教、倫理、認知等等；但另一
方面他特別側重認識論的問題，並且把洛克的鉅著《人類認知論》
一書的論證架構，鉅細靡遺地鋪陳出來，並逐一加以檢討。

　　為了勾勒洛克思想的整體性，謝教授在本書中不但清楚交待了
洛克的時代背景，生平與影響，而且逐一討論了洛克思想的各項內
涵，字裏行間，處處可以體會出謝教授的心思所繫。例如在政治論
中，謝教授特別指出洛克重視人的平等與互愛，且互愛優先於義務
與正義，人是因為互愛而有義務與正義。在教育論方面，則指出洛
克尤其重視道德教育，在教育孩子成為君子的過程中，有四件事至
為重要：德行、智慧、教養、學習，其中尤以德行為先。在倫理學
方面，則特別重視其可論證性，惜洛克德行論之旨，未及發揮，以
致前述政治與教育歸本於德行之處，未能在倫理學部分奠立基礎。
同樣的情形也發生在洛克的宗教論上，雖已明其大義，但可惜謝教
授早逝，未能充分予以開展。話雖如此，本著已可謂在中文出版品
中，兼顧到最多洛克思想面相的著作了。

　　為了展現洛克思想的論證架講，謝啟武教授花了最多篇幅來討
論洛克的認識論。在一共三章的篇幅之中，謝教授把洛克的鉅著《人
類認知論》一書逐章加以解析，並逐一加以檢討批評。其中無論或
析或評，皆處處顯示謝教授深造有得的思想趣味。這三章也可以說
是中文出版品中迄今對洛克《人類認知論》一書最好的導讀。讀者
可以將此三章與洛克原著逐章對照參看，茲不在此序中贅述其旨。

　　令我最為感動的，是謝教授所深切指出的：洛克對每一個思考
所追問的，不是「是否符合某一個理念」，而是「是否合理」。或許

謝教授在本書中所展現的，整全的思野加上嚴謹的論證，正是其所謂「合理」之意。在此似乎隱含著謝教授對人類「理性」的看法。理性的大作用就在於既能兼顧整體，又能嚴格論證。或許這也正是謝教授撰述此書所要傳達的精神。「追求合理」正是哲學精神的最佳表示。企盼謝教授著述中所展露的兼顧整體與論證的合理精神，能繼續在其讀者的學思生命中延續和發展。是為序。

沈清松

民國八十五年九月卅日序於指南山麓

洛　克

目　次

第三章　教育論

第四章　宗教論

第五章　倫理論

前　言

　　洛克的思想在處理人的問題，人的問題是洛克思想的中心。什麼是人的問題？即，人在知識、道德、社會、政治、和宗教這些生活上的種種問題。

　　在這許多方面洛克都發表了意見。在以前，論述洛克的書多只限於他在知識方面的意見，對其他方面則只是略提而已。可是近來有的書籍篇幅大部分給了其他方面，而只略提知識的部分。看情形似乎有刻意反轉的潛意識在。這也許透露出學術界的一點秘辛：研究者日益增多，而對被研究者的探討卻固定有限。

　　在筆者看來，洛克雖然在許多方面都提出了意見，不過就哲學說，有相當重量的部分仍在知識論這一方面。洛克的政治論雖然發生相當影響，然而在學術上的地位恐怕仍是次於知識論。因此筆者無意依附潮流，仍把篇幅大部分放在知識論。筆者在本書先陳述洛克的其他方面見解，再陳述知識論方面。對前者將較以前的書略為詳細，但是我的重點仍是放在後者。這樣的安排是希望使讀者能一方面由此書得到對洛克的一般了解，一方面由此書對洛克的主要著作有較具體的接觸。

第一章 導 論

第一節 時代背景

洛克留給後人的著名形象是哲學家、思想家。但是當他本人在世的時候，他的形象是英國大官員的幕僚，其次才是思想家，而且思想家這一形象是到了晚年才突然出現的。

洛克生於一六三二年，死於一七〇四年。滿洲人是在一六四四年入主中國的，這一句話也許可以讓中國的讀者有較具體的印象。另一方面，從英國到美國去的五月花號是在一六二〇年到達的。

洛克的一生在英國的司徒特王朝時期。這王朝始於一六〇三年，四任君主都是專制的君主，且主張君權神授。一六八八年發生所謂光榮革命，由此朝第四任君主之女瑪麗和她的丈夫，當時的荷蘭國王，威廉，入主英國。君王的專制才有了改變。否定君權神授說，是洛克的政治主張之一。

君主專制的出現是由於君主先有了大權。英國君主之有大權跟二次戰爭有關，即百年戰爭和玫瑰戰爭。百年戰爭是英法之戰。英格蘭王在法國有某些土地的所有權，因此法蘭西王就主張他是英王的藩主，英王是他的附庸。英王一直想要推翻這種關係，所以到了

愛德華三世，他的母親是法國公主，竟主張他應該是法王。於是二國開戰，這戰爭是封建戰爭。時在一三三七年，共經四個階段，互有勝敗。在第四階段，法國人因聖女貞德而團結奮戰，英王亨利六世終於在一四五三年向法國人投降。因此這戰爭是以民族戰爭結束。

民族戰爭意味著交戰雙方的王各是一個民族的王，跟封建的王不可同日而語了。

在百年戰爭期間，英格蘭王先後為愛德華三世，亨利四世、五世、六世。愛德華三世是約克 (York) 系，亨利四世卻是蘭開斯特 (Lancasters) 系，他是篡位的。亨利六世一向法國投降，英國人有機會來算篡位這筆帳了。於是展開了二系爭王位的戰爭，即玫瑰戰爭，從一四五三年開始，到一四八五年結束。最初是約克系廢了蘭開斯特系的亨利六世，王冠轉給約克系，這是愛德華四世，於一四六一年即位。接下來的是他的弟弟，禮查三世。禮查三世殺了他哥哥的兩位兒子，篡位為王，其人又殘暴粗野，約克系聲望大損。蘭開斯特系乃得再戰約克系。一四八五年禮查三世陣亡。王冠回到蘭開斯特系。新王是都鐸·亨利(Henry Tudor)，稱亨利七世。後來他與約克系通婚，二系乃修好。亨利七世起是英國的都鐸王朝。

玫瑰戰爭，全部的英格蘭貴族幾乎都參加了，陣亡的不少，所以國王的勢力就大起來了。因此二次長期戰爭，使英格蘭王權力大增。而且亨利七世在位的時候，極力壓抑所有的貴族，用強硬手段處理國事，更實際在很多方面增強了國王的權力。

國王的權力不但大增，而且伸入教會。國王不只是政治方面的王，而且也是教會方面的元首。於是在都鐸朝出現宗教逼害。都鐸王朝之後為司徒特王朝，司徒特王朝仍繼續宗教逼害。所以洛克力主宗教寬容，洛克生於司徒特朝。

　　基督徒對於教義與教會組織的意見,向來有若干不同的地方,於是有東方的正教與西方的天主教之分。而西方的天主教又分裂出新教來,這主要得力於一五一七年日耳曼的馬丁路德發起的宗教改革。而新教自身又有派別,主要有三:路德宗派(Lutheranism),起於日耳曼;英吉利宗派(Anglicanism),都鐸朝的第二任君主,亨利八世因為教王不批准他的重婚,設法使議會通過一個可以使國王自為英格蘭教會元首的法案,英國教會自此乃逐步發展為英國國教教會,成為新教的一個宗派;克爾文宗派(Calvinism),起於法蘭西。英吉利派和克爾文派又有交叉的派別,在英國的有浸禮派、桂格派、長老會、巡禮者、清教徒等。

　　發生在英國的宗教逼害,並非新教各派合為一大陣營與天主教互相逼害。而是新教的一派逼害天主教及新教的一些派,或是天主教逼害新教之中的一些派。所以逼害的動機多與政治有關。

　　都鐸朝有五任君主,第一任是亨利七世,其後為亨利八世、愛德華六世。這三任是父子相傳。第四任與第五任都是愛德華六世的姐妹,瑪麗與伊利莎白。其中亨利八世和伊利莎白是英吉利宗派,亨利八世逼害天主教派及新教的路德教派,伊利莎白逼害天主教派及自英吉利教派分離出來的教派。瑪麗是天主教徒,逼害新教之克爾文派及英吉利教派。

　　伊利莎白無子。在蘇格蘭,當時的國王是女王瑪麗,這位瑪麗的丈夫是司徒特亨利(Henry Stuart)。瑪麗與伊利莎白是表姐妹,但後來為蘇格蘭的克爾文派所廢,逃到英格蘭,卻為伊利莎白處死。瑪麗之子為蘇格蘭王,伊利莎白死後入主英格蘭,因為伊利莎白無子。英格蘭與蘇格蘭的王冠合而為一,這是詹姆士一世(1566~1625年,在1603~1625年為英格蘭王),從此英國是司徒特朝。

6・洛　克

詹姆士一世之子繼王位，為查理一世。查理一世之子為查理二世，是第三任王。查理二世的兄弟是第四任王，為詹姆士二世。

查理一世是上斷頭臺死的。查理二世是司徒特朝的復辟，從克倫威爾(Oliver Cromwell)執政的共和國(commonwealth)復辟。到了詹姆二世時發生光榮革命，由其女瑪麗與瑪麗之夫，荷蘭國王，威廉入主英國。

詹姆士一世及其子查理一世都是專制的君主，而且喜歡侈談君王神權的理論，他們也希望在教會中實施極權統治，終於發生清教徒革命。

詹姆士一世及子查理一世都是熱心的英吉利派教徒。清教徒，由英吉利教派分離出來的一個教派，與之為敵。這除了由於二位國王在宗教的壓迫以外也夾雜有政治的因素。一六四二年革命與內戰開始，到一六四九年清教徒的圓顱黨勝利，處死查理一世，並公布英格蘭為一共和國。可是卻落入主將克倫威爾的獨裁手中。

復辟以後的二位君主都是天主教徒，希望英格蘭從英吉利教會再回到天主教。因此不獨分離派與他們為敵，英吉利教派亦然。這二位君主在政治方面也是專制且主張君權神授說。所以前後四任君主都是想以政治的專制來遂行宗教的企圖以致逼害，或是想以宗教逼害來鞏固專制政權。

於是另一次革命起來了。事緣詹姆士二世本來沒有兒子，可是到了一六八八年，他的第二個妻子竟給他生了一個兒子，而這個妻子也是天主教徒。因此英吉利教會的信徒和分離派都覺得以後新王也很可能跟詹姆士二世一樣，是天主教徒，且專制，主張神權君主。這樣他們便敦請其女瑪麗及其丈夫威廉從荷蘭來英格蘭為王。他們所帶領的軍隊在英格蘭登陸未遇抵抗，詹姆士二世逃走，所以稱光

榮革命。其時議會決議廢黜詹姆士二世，由威廉與瑪麗共主英國。又通過權利法案，規定以後君王必須為英吉利教會的教徒，以及其他限制國王權力的規定。其後還通過寬容法案，給予新教的分離派以自由崇拜的權利。（但天主教不在其內。）可說君王的專制與宗教逼害自此轉緩，而且英國的兩黨制與內閣制也興起了。

以上對英國歷史的陳述，自西方的讀者看並無必要，不過也許有助於中國讀者。

第二節 生 平

談過了時代背景之後，我再分點扼述洛克生平。

1.在司徒特王朝的第二任君主查理一世之時，洛克誕生並入公學。他於一六三二年生於英格蘭的Wrington Somerset，中譯桑其塞郡。這與斯賓諾薩同年，而在培根死後六年。所入的公學是Westminster School，期間是在一六四七到一六五二年。中譯威斯特敏斯特公學。這是由於他父親有一位朋友是政界顯要，才得來的機會。洛克的父親是一位普通公務員、小地主。父母都出身於清教徒的商人家庭。

當查理一世上斷頭臺的時候，一六四九年，洛克已經十七歲了。其後他進入牛津基督學院 (Christ Church, Oxford)。時在一六五二年，是克倫威爾執政的前一年。這次機會也是由於他父親的朋友的幫助。當克倫威爾執政期間，洛克得到學士 (1655年) 和碩士 (1658年) 學位。

2.在查理二世復辟初期，洛克開始在牛津教書，教希臘文與修辭學，並為道德哲學學監 (Censor of Moral Philosophy)。時在一六

六〇年到一六六四年。

3.到了一六六五年，仍在查理二世時代，洛克做了官了。(由於他在牛津的職位一直到一六八四年才被查理二世除名，所以洛克之做官可能是所謂學官兩棲。) 他當了駐卜倫登堡使節秘書(Secretary to the Mission to Brandenburg)。從此他竟成了當朝重臣幕僚達十四年之久，間接參與英國政治了。事緣在第二年他認識了Lord Ashley (亞希萊勳爵)，即後之沙夫茨伯里伯爵 (the first Earl of Shaftesburg)，查理二世宮廷重臣。

他是怎麼認識這位大官呢？原來洛克在牛津也研究了醫學並行醫，且與當時的大醫學家西頓漢姆(Dr. Thomas Sydenham)有過密切合作。一六六六年亞希萊到牛津修養身體。洛克乃見到他，並於一六六八年在洛克的監護下做了一次大手術並且成功。於是亞希萊成為洛克的保護人。

現在有必要一說亞希萊這個人的事蹟。他雖是查理二世的宮廷重臣，卻反對王政，企圖推翻王政。他也主張寬容分離派（查理二世是逼害分離派的）。 所以在對政治和宗教的思想上，和洛克是一致的。他曾參與排斥約克公爵繼承查理二世王位的運動。（但是並未成功，約克公爵還是繼承了王位，為詹姆士二世，在位數年，1685～1688年。） 亞希萊在一六七五年失勢，一六七七年到一六七八年被囚於倫敦塔。這一年又得勢，可是第二年，一六七九年又失勢去職。一六八一年以叛國罪被捕，但獲判無罪。一六八二年逃往荷蘭，一六八三年一月死於阿姆斯特丹。

洛克在結識亞希萊以後一直盡心為他效勞，上述的事，他是參加進去的。所以人們見到當亞希萊失勢的時候，洛克到法國旅行(1675～1679)。亞希萊死後，洛克於一六八三年九月逃往荷蘭，一

六八五年英國政府曾要求引渡洛克，但未成功。到了一六八九年洛
克隨威廉與瑪麗同船返英，即所謂光榮革命也。

洛克在替亞希萊做事期間做了秘書或部長或大臣一類的官，官
位更迭想是宦海常情，不必敘述。光榮革命以後洛克也有過官位。

官位以外，在替亞希萊做事期間，洛克寫了幾本與《政府論二
講》同一題材的書稿，甚至也可能包含《政府論二講》。

此外，他在一六七四年得到醫學學士學位和被提名為牛津醫學
學人(Appointed to Medical Studentship at Oxford)而得以行醫。這也
是在他替亞希萊做事期間。

4.綜括洛克一生事蹟為：入公學、入牛津、牛津學人時期、牛
津學官兩棲時期，以及尚未述及的著作出版時期。另外，在牛津的
二個時期中他尚有醫事方面的工作。

5.現在簡述洛克晚年，亦即著作出版時期。光榮革命使洛克返
英後，他在一六九一年住到Oates in Essex直至逝世。此地離倫敦約
二十英里，是馬山夫人的別墅，中譯愛塞克斯郡阿特山莊。馬山夫
人是洛克在流亡荷蘭以前認識的，乃Cudworth的女兒，其夫為馬山
爵士(Sir Francis Masham)。洛克以Oates空氣好，對他的氣喘病有
益，乃寄居此家為客，但堅持付費。在這十四年中他享受平安的家
居生活並從事寫作，雖然他仍有官位，例如顧問與委員之類。這時
期的寫作大多屬於答辯。不過他的主要著作《論寬容書》、《政府論
二講》、《人類理解論》，在一六八九到一六九〇年正式出版，其他
著作也在以後相繼出版，所以可稱洛克的晚年為寫作與出版時期。

洛克關於宗教寬容及政府民主的思想與寫作見於他的牛津學
人期與牛津學官兩棲期。《人類理解論》的思想則奠基於一六七〇
年，在學官兩棲期初期。不過到一六八〇年代才真的完成，也即是

在流亡荷蘭的時期。

在為Ashley工作期間，洛克有關於經濟問題的作品，例如，〈論減低利率提高幣值的影響〉。

洛克在一六八〇年代，在寫給一位朋友的多封信中談到他對教育兒童的意見，後來收集出書，名為 *Some Thoughts Concerning Education*。這位友人是桑莫塞郡的 Edward Clarke。這些意見可能來自他對威斯敏特公學的教育的不滿以及他教導Ashley兒子的實際經驗。洛克之為Ashley工作，既為幕僚也是家臣。

洛克也有宗教方面的寫作，如一六九五年出版的《基督教的合理性》(*The Reasonableness of Christianity as delivered in the Scriptures*)。

6.洛克一生結交許多朋友，其中有政治顯貴，如 Pembroke, Somers；科學家如 Boyle, Newton；神學家如 Limborch。此外還有 Syndenham, Molyneux, Collins等人。

至於在洛克晚年與他論辯的有John Edwards, John Narris, Jonas Proast, Edward Stillingfleet（Worcester主教）等人。

此外，笛卡兒與加山地(Pierre Gassendi)的著作對洛克的思想有大的影響。牛津基督學院的經院主義氣息在他心中所引起的厭惡，也是一樣。

第三節　影　響

現在該說到洛克的影響。在認識論方面，洛克在《人類認知論》，就人類認識的起源、確實性、界限探討認識論，被認為是認識論之創立者。雖然認識的問題，在他以前已有哲學家論及，例如

希臘時代之柏拉圖、亞里斯多德，以及論點相反之懷疑論者。中世
紀之奧古斯丁。現代之笛卡兒、培根和霍布士。但是就認識這事本
身說起，亦即從基本說起的，洛克是第一人。使認識論成哲學的主
題，洛克功不可沒。這點以外，他本人是認識論上的經驗主義者，
居重要地位，對巴克萊與休姆有甚大影響。而後來心理學上的聯合
論者(the associationist psychology)，如David Hartley（1705～1757
年）與 Joseph Priestley（1733 ～ 1804 年），可能即受觀念之聯合
(association of ideas)這一學說的影響。洛克在《認知論》這本書上
的有些話可作為感覺論(sensationalism)的基礎，例如他說上帝可能
把思維的能力給了純粹物質的東西。所以十八世紀的感覺論者，如
Peter Browne(d. 1735), Condillac（1715～1780年）是受他影響的。

洛克的政治論在他本國，英國，被接受，而影響及於荷蘭、法
國、美國。他的主權在民，人人都生而平等這些觀念配上他的自由
精神，有助於法國革命與美國獨立。他提到政府的三權（立法權、
行政權、對外權），後來竟衍成三權分立的學說。在 Voltaire
（1694～1778年), Montesquieu (1689～1755年), Rousseau (1712
～1778年), 及Burke（1729～1797年), Bentham（1748～1832年),
Jefferson（1743～1826年）都可以見到洛克的思想。

宗教方面，洛克要求宗教的政治寬容，認為理性指導啟示
(revelation)，但啟示仍有其地位，都發生相當影響。自然神教(deism)
之成為重要，始自洛克。十七、十八世紀之John Toland, A. Collins,
Tindal, Woolston, Chubb, Morgan, Conybeare, Joseph Butter等人都
跟他的思想有關。

洛克在教育方面的思想透過盧梭而影響及於全世界。他提倡
「從做中學」、重視學習時之氣氛之必需愉悅、主張對體罰的適當

限制、重視孩童在身體方面的鍛鍊和品性方面的教養、提議免去煩
悶而實際上無用的某些課程，都發生重大影響，而被稱為英國現代
教育之父。他的教育思想中洋溢著開明而合理的精神。

在倫理學方面，由於洛克對於道德知識的看法含有感覺的、經
驗的成分，也含有理性的成分，因此十八紀激盪於這兩方面的著作
便與洛克有關。例如 Lord Shaftesbury 之 *Characteristics*, 1711;
Francis Hutcheson 之 *Inquiry into the Ideas of Beauty and Virtue*,
1725; *System of Moral Philosophy*, 1755; David Hume 之 *Inquiry
Concerning the Principles of Morals*, 1751; Adam Ferguson 之
Institutes of Moral Philosophy, 1769; Adam Smith 之 *Theory of the
Moral Sentiments*, 1759; Joseph Butler 之 *Fifteen Sermons upon
Human Nature*, 1726; *Dissertation upon Virtue, Analogy of Reli-
gion*, 1736; William Paley 之 *Principles of Moral and Political
Philosophy*, 1785; Bernard Mandeville 之 *The Grumbling Hive: or
Knaves Turnev Honest*, 1705; *The Fable of the Bees: or Private
Vices Public Benefits*, 1714; Frenchman Helvetius 之 *De l'esprit*,
1758; *De l'homme*, 1772等。其中，自私心與公益心，感覺與理性與
良心，跟道德感的關係來回激盪著。

洛克的財產論主張人的工作參與使自然物成為財產，這個財產
的工作論影響了李嘉圖(Ricardo)與馬克思。重商主義與經濟的自由
放任主義跟洛克也有關係。此外洛克曾出任商務部官員，對英國的
工業與殖民的發展也有了貢獻。這些是洛克在經濟學方面的影響。

總的來說，洛克的影響既廣又深，而且不止是在人類的思想方
面，也在人類的行動方面。洛克的中心問題，不是某一方面的問題，
而是人的問題。人有感、有知、有思、有情、有性、有理、有信。

人的内涵是洛克思想的出發地。從這兒出發他討論了知識、道德、社會、政治、宗教等方面的問題。除了在這諸方面的各別影響以外，另有在總的方面的影響。洛克與牛頓被並稱同舉，就因為洛克在總的方面的貢獻。洛克之思考問題不是以反對傳統、以不接受前人的成果為目標，而是要由他自己從頭來想過、從頭檢查一遍。講觀察、講理性。對每一個思考所問的，不是「是否符合某一個理念」，而是「是否合理」。這種開明的、講理的精神是他思想的總的方面。

第二章　政治論

　　洛克的政治思想可以分為二個層次來敘述。第一個層次是洛克政治思想的目標，第二個層次是洛克為這個目標所做的工作。

　　先說第一個層次。他的目標是要「使每個人得到安全，同時又不受壓制」。這是目標的第一層。為了達成這第一層，需有第二層。目標的第二層是，「有統治這件事，但是統治者是人民。」因為要使人人得到安全，便需要有統治這件事。可是有了統治這件事，會產生壓制被統治者的事，所以又得要求統治者是人民自己。目標的第三層是「統治權在人民，但是統治這件事並非每個人自己在做」。因為統治者固然是人民自己，可是卻無法讓人人來執政，所以只得由人民中的少數來執政，但是統治權則握在人人手中。

　　洛克為什麼會有如此的目標呢？說得最簡單，那是因為他認為這是人類的政治理想。不過，如果光按他書中所說的來說，卻不是這回事了。按書中所說，不好說「洛克為什麼會有……」這句話。因為書中所看到的只是「洛克在說這個目標」。「這個目標」在書中是被當作一個既存的史實。而洛克為什麼要說這個目標呢？按《政府論》的序言說，是為了使當時的威廉王的稱號被示當為是得到人民的同意的，是為了示當所謂光榮革命，也就是示當詹姆士二世的退位和國會的權力及威勢的增加。

這目標如果是人類的政治理想，這理想是怎麼來的呢？按洛克的看法是由於在政府成立以前個人遭受到不安全，而在成立政府之時如果不把統治權保留在個人手中，個人會受到君主的壓制。

洛克認為在政府成立以前個人本來是安全的，人們處在自由、平等、和平、善意互助的狀態中。人有理性，講理，所以知道他自己應該遵守的。可惜人並非盡善，並非全然講理，以致這種狀態不能持久，而使人感受不安寧。乃相約成立政府，制定法律來保衛個人的生命財產。

接著說第二個層次，洛克為這個目標所做的工作。洛克所做的工作是說明或論證政府是如他所說的那樣而成立的，不是像別人所說的那樣而成立的。同時由於成立政府的目的在制定法律而統治大眾，保衛個人的所有，所以他所做的工作也是同時在說明或論證權力和立法權是應該像他所認為的那樣的，以及統治權之如何是在個人手中。因此，他所做的工作就性質說，是「示當」(justification) 與增強，而非提出與建構。

現在就說他所做的示當與增強。

第一節　自然狀態與戰爭狀態

這二個名詞有問題，因為戰爭可能是自然的，而自然狀態除了自然以外尚指什麼卻不能望名而知。這點提到就好，洛克過世已久，無法請他修正。我們且來知道所謂自然狀態是指什麼狀態。是指自由、平等、互愛、講理的狀態。人類一開始的時候是處在這種狀態之中的，是自然而然如此的。而「戰爭狀態是一種敵對和毀滅的狀態。因此凡用語言或行動表示對另一個人的生命有沈著的、確立的

企圖，而不是出自一時的意氣用事，他就使自己跟對其宣告這種意圖的人處於戰爭狀態。」❶「因此，誰企圖將另一個人置於自己的絕對權力之下，誰就同那人處於戰爭狀態，這應被理解為對那人的生命有所企圖的表示。」❷ 在洛克看來，這種戰爭狀態出現在自然狀態之中。也就是說，人類一開始雖然是平等互愛，可是仍會掠奪以致戰爭。這裡我們所要注意的差別是洛克並不認為人類一開始就處在戰爭狀態。從一句洛克自己的話可以看到這點。「避免這種戰爭狀態是人類組成社會和脫離自然狀態的一個重要原因。」❸

第二節　自然法

在自然狀態中人是講理的，因為講理所以就知道他對什麼有權利，對什麼沒有權利，從而有了「遵守」與「約束」，這就是自然法。但是自然法並沒有立法，只是人人由講理而心知肚明而已，這可能就是自然法之所以叫自然法，而且可以說理性就是自然法。

> 自然狀態有一種為人人所應遵守的自然法對他起著支配作用；而理性，也就是自然法，……❹

---

❶ 洛克(J. Locke)，《政府論次講》(*Second Treaties of Government*)，葉啟芳、瞿菊農譯（臺北，唐山出版社，民國七十五年），§16, p.11。

❷ 同❶，§ 17, p.11。

❸ 同❶，§ 21, p.14。

❹ 同❶，§ 6, p.4。

第三節　自然法、自由狀態與平等狀態

人類一開始是處在自由狀態之中,也就是在自然法的範圍內,決定自己的行動和處理自己的所有,而不必得到別人的許可或聽命於別人。

> ……我們必須考究人類原來自然地處在什麼狀態。那是一種完備無缺的自由狀態,他們在自然法的範圍內,按照他們認為合適的辦法,決定他們的行動和處理他們的財產和人身,而毋需得到任何人的許可或聽命於任何人的意志。❺

但是自由狀態並不是放任的狀態。因為一方面按照自然法,「人並沒有毀滅自身或他所佔有的任何物的自由,除非有一種比單純地保存它來得更高貴的用處要求將它毀滅。」❻另一方面,人類一開始不但是自由的,而且是平等的。在平等的狀態中,「一切權力和管轄權都是相互的,沒有一個人享有多於別人的權力。極為明顯,同種和同等的人們既毫無差別的生來就享有自然的一切同樣的有利條件,能夠運用相同的身心能力,就應該人人平等,不存在從屬或受制關係。」❼那麼,「人們既然都是平等和獨立的,任何人就不得侵害他人的生命、健康、自由或財產。」❽而這二方面都是由於人有理

---

❺　同❶,§4,.3。

❻　同❶,§6,p.4。

❼　同❶,§4,p.3。

❽　同❶,§6,p.4。

性，也就是由於自然法。理性使人可以獲知創世主的意旨，這是理性之所以即是自然法的原因，在洛克。「因為既然人們都是全能和無限智慧的創世主的創造物，既然都是唯一的最高主宰的僕人，奉他的命令來到這個世界裡，從事於他的事務，他們就是他的財產，是他的創造物，他要他們存在多久就多久，而不由他們彼此之間作主；我們既賦有同樣的能力，在同一自然社會內共享一切，就不能設想我們之間有任何從屬關係，可使我們有權彼此毀滅，好像我們是生來為彼此利用的，如同低等動物生來是供我們利用一樣。正因為每一個人必須保存自己，不能擅自改變他的地位，所以基於同樣理由，當他保存自身不成問題時，他就應該盡其所能保存其餘的人類。」❾

第四節　互愛、義務、正義與自然狀態

由自由狀態與平等狀態便使人與人之間應該互愛，因而有了義務與正義。洛克引述Richard Hooker（1553～1600年）的話：

> 相同的自然動機使人們知道有愛人和愛己的同樣的責任；因為，既然看到相等的事物必須使用同一的尺度，如果我想得到好處，甚至想從每個人手中得到任何人所希望得到的那麼多，則除非我設法滿足無疑的也為本性相同的他人所有的同樣的要求，我如何能希望我的任何部分的要求得到滿足呢？如果給人們以與這種要求相反的東西，一定會在各方面使他們不快，如同我在這情況下也會不快一般。所以如果我為害

---

❾　同❶，§6, p.4。

他人，我只有期待懲罰，因為並無理由要別人對我比我對他
們表現更多的愛心。因此，如果我要求本性與我相同的人們
盡量愛我，我便負有一種自然的義務對他們充分的具有相同
的愛心。從我們和與我們相同的他們之間的平等關係上，自
然理性引伸出了若干人所共知的、指導生活的規則和教義。
（《宗教政治》第一卷）❿

　　從這段話可以看到義務和正義,而且看到它們是由互愛來的,
而這又是由平等來的。

第五節　自然法與權利

　　自然法使個人在人類的一開始就有了義務，可是也同時有了權
利。其實權利還先於義務，因為義務也者是保衛權利的義務，不但
要保衛別人的權利，也要保衛自己的權利。在一開始，人人的權利
是平等的。一開始，人人的權利是什麼呢？生存的權利，這是人類
一開始就有的理性告訴我們的。⓫這個權利衍生維持和防衛這二方
面的權利。維持的權利就是所有權。人一生來就有了生命，這生命
是他自己所有。這生命不能自己維持，要有外來的補給才能存活，
所以有取得外界的東西為自己所有的權利。因此，所有權包含自己
的身體生命和自己的財產這二大項。（在洛克這二大項都叫做財產，
容易引起了解上的障礙，尤其在中譯以後。）洛克認為自然界的一切
是上帝要給每一個人享用的，所以人人得以取而有之。

---

❿　同❶，§ 5, pp.3～4。

⓫　同❶，§ 25, p.17。

不論就我們的理性來說，人類一出生即享有生存的權利，因
而可以享用肉食和飲料以及自然所供應的以維持他們的生存
的其他物品；或者就上帝的啟示來說，上帝如何把世界上的
東西給予亞當，給予挪亞和他的兒子們；這都很明顯，正如
大衛王所說（《舊約》，詩篇第一百十五篇，第十六節）：上
帝「把地給了世人」。❷

這是說，自然界是人類所共有的。可是所有權卻指的是私有。
共有只指大家都可以去取得。但是取得以後便是私有。不成為私有，
雖然上帝已經給了人類，還是沒有用處或好處。

上帝既將世界給予人類共有，亦給予他們以理性，讓他們為
了生活和便利的最大好處而加以利用。土地和其中的一切，
都是給人們用來維持他們的生存和舒適的生活的。土地上所
有自然生產的果實和它所養活的獸類，既是自然自發的生產
的，就都歸人類所共有，而沒有人對於這種處在自然狀態中
的東西本來就具有私有（權），而排斥他人。但是，這些既是
給人類使用的，那就必然要透過某種撥歸私用的方式，然後
才能對於某一個人有用處或者有好處。❸

他接著舉例說，野生的印第安人雖然不懂得私圍土地為己有，
卻仍知要私有果實或鹿肉，否則果實或鹿肉也不能養活他們。❹而

---

❷　同❶，§25, p.17。

❸　同❶，§26, pp.17～18。

❹　同❶，§26, p.18。

且，如果這私有要先經過全人類的同意的話，「那麼，儘管上帝給予人類很豐富的東西，人類早已餓死了。」⑮

私有的另一個示當是，人在向自然界取得一物之時付出了勞力。而且這勞力是出自他所私有的身體。

> 土地和一切低等動物為一切人所共有，但是每人對他自己的人身享有一種所有權，除他以外任何人都沒有這種權利。他的身體所從事的勞動和他的雙手所進行的工作，我們可以說，是正當的屬於他的。所以只要他使任何東西脫離自然所安置的狀態，他就已經在這東西上面滲進他的勞動，滲進了屬於他自己的一些東西，於是使這東西成為他的財產。⑯

可是人會不會任意佔取呢? 洛克說不會，因為自然法即是理性，講理的人當然不會取用過多。上帝「他是把世界給予勤勞和有理性的人們利用的，不是給予好事吵鬧和紛爭的人們來從事巧取豪奪的。」⑰而且有的東西是會敗壞的，取多了，任它敗壞也是沒用，所以人不會多取。而且多取是為了享用不了的東西而花費勞力，這是沒有人會去做的。所以勞動一方面使人有了私有的東西，一方面也限制了過多的私有。⑱所以在自然狀態不會有任意多取的事。(只不過有了貨幣以後，情形便改觀了，多取的換成貨幣。) 再說，「世界上天然物資豐富，消費者很少。」所以就是多取一點也不致有爭執和

---

⑮ 同❶，§ 28, p.19。

⑯ 同❶，§ 27, p.18。

⑰ 同❶，§ 34, p.21。

⑱ 同❶，參考§ 45及§ 51。

糾紛。❶我們不要忘記，洛克所說的是人類在初期的時候，即所謂在自然狀態的時候。

還有一個示當，私有既是經由勞動才發生，則私有會增加人類共同的所有。

> 一個人基於他的勞動把土地劃歸私用，並不減少而是增加了人類共同的積累。因為一英畝被圍用和耕種的土地所生產的供應人類生活的產品，比一英畝同樣肥沃而共有人任其荒蕪不治的土地要多收穫十倍。❷

所有權是生存權所衍生的權利的一方面，已如上述。而所有權又衍生防禦與制裁的權利，這是生存權所衍生的第二方面權利。私有既然是權利，便有另一個防禦這私有被掠奪的權利，進一步制裁來掠奪的人的權利。這第二方面的權利也可以看成是由人的義務所要求。按洛克的看法，人是上帝所造，所以人必須保存他自己，❸這是人的義務。其次，人人平等，所以每個人都應該讓別人跟他自己一樣擁有私有，這便也是人的義務。為了達成這二個義務便需要防禦自己不被毀滅的權利和制裁掠奪他人所有的人的權利。

> 正因為每一個人必須保存自己，不能擅自改變他的地位，所以基於同樣理由，當他保存自身不成問題時，他就應該盡其所能保存其餘的人類。人們既然都是平等和獨立的，任何人

❶　同❶，參考§31。
❷　同❶，§37, pp.23～24。
❸　同❶，參考§6。

就不得侵害他人的生命、健康、自由和財產。㉒

制裁是在懲罰違反自然法的人，這些人違反自然法所給予人人的平等，比如掠奪別人的生命財產，或者是向自然界取來過多的食物而任其腐爛，以致侵犯了他人的應享部分。㉓所以制裁這種人的行為是在執行自然法的權力，而且每個人都有這執行的權力。㉔這權力甚至可以處死殺人犯。

> 因此，在自然狀態中，人人都有處死一個殺人犯的權力，以殺一儆百來制止他人犯同樣的無法補償的損害行為。㉕

制裁以外，人還有要求賠償的權利。

> 受害人基於自衛的權利，擁有將罪犯的物品或勞役取為己用的權力。㉖

到此我們可以了解洛克所云自然狀態的自由和平等是落實在權力上來說的，即權力的自由，「決定他們的行動和處理他們的財產和人身，而毋需得到任何人的許可或聽命於任何人的意志。」㉗

㉒　同❶，§6, p.4。

㉓　同❶，參考§37。

㉔　同❶，參考§7。

㉕　同❶，§11, p.7。

㉖　同❶，§11, p.7。

㉗　同❶，§4, p.3。

和權力的平等，「一切權力和管轄權都是相互的，沒有一個人享有多於別人的權力。」❷⑧

防禦和制裁的權利有時成為戰爭的權利。前面已說過戰爭狀態是一種敵對的和毀滅的狀態。在戰爭狀態一個人可以毀滅向他宣戰或對他的生命懷有敵意的人，這就是戰爭權利，即殺死侵犯者的自由。戰爭狀態除了敵對與毀滅以外，還指在此時並無共同的裁判或法律，是指的在政府成立以前的事，或者指侵犯者不容許我有時間訴諸我們的共同的裁判或法律，這也可指有了政府以後。洛克的意思是按照自然法，戰爭狀態產生戰爭權利，因為生命一經喪失就無法補償，所以人人都有權去殺死要殺死他的人。（戰爭狀態這詞應非用來跟自然狀態對立的詞。戰爭狀態可以是自然狀態的一個情況，也可以是有了社會與政府時的一個情況）不過，當戰爭狀態是自然狀態的一個情況之時，戰爭狀態與自然狀態怎麼區別呢？在前者，人與人之間是敵對、惡意、暴力和互相殘殺，在後者，是和平、善意、互助和安全。❷⑨

> 凡在自然狀態中想奪去處在那個狀態中的任何人的自由的人，必然被假設為具有奪去其他一切東西的企圖，這是因為自由是其餘一切的基礎。❸⓪
> 這就使一個人可以合法的殺死一個竊賊，儘管竊賊並未傷害他，也沒有對他的生命表示任何企圖，而只是使用強力把他置於他的掌握之下，以便奪去他的金錢或他所中意的東西。

---

❷⑧　同❶，§4, p.3。

❷⑨　同❶，§19, p.12。

❸⓪　同❶，§17, p.12。

因為竊賊本無權利使用強力將我置於他的強力之下，不論他的藉口是什麼。所以我並無理由認為，那個想要奪去我的自由的人，在把我置於他的掌握之下以後，不會奪去我的其他一切東西。所以我可以合法的把他當作與我處於戰爭狀態的人來對待，也就是說，如果我能夠的話，就殺死他。㉛
按，此段竊賊一詞似應改為強盜。

第六節　政治權力與政治社會的起源

在自然狀態中既然發生了戰爭狀態，可見在人類初期人感受到不安全、不穩定，感受到威脅。在自然狀態中人雖然享有自由行動的權利和制裁侵犯者的權利，「但這種享有是很不穩定的，有不斷受別人入侵犯的威脅。」㉜這因為人並不完全講理，因為有的人「不受共同的理性法則的約束」，㉝於是人便想到「如果人間有一種權威，一種權力，可以向其訴請救濟，那麼戰爭狀態就不再繼續存在，糾紛就可以由那個權力來裁決。」㉞這就是說人意識到要有「統治」這件事了。也就是人人把制裁懲罰的權利交給一個機構去執行。除了不講理以外，個人在執行制裁懲罰的權利時難免偏私不公正，㉟而致使這種權力的執行既不正常又不可靠。㊱這也是權力需要由公共

㉛　同❶，§ 18, p.12。
㉜　同❶，§ 123, p.76。
㉝　同❶，參考 § 16。
㉞　同❶，§ 21, p.14。
㉟　同❶，參考 § 13。
㊱　同❶，參考 § 127。

的機構去執行的原因。因此，個人的自然權力就成為社會的政治權力了。人本來就有社會，到此時更有了政治社會了。在政治社會中，每一成員都把可以向大家共同建立的法律請求保護的事項交由社會處理，每一成員的一切私人判決都被排除，社會成了仲裁人。

如此有了政治社會，人便脫離自然狀態了。所以避免戰爭狀態是人類脫離自然狀態的一個重要原因。❸

以上我們已經看到政治權力的起源。以下接談政治權力的性質。

政治權力應該用來為社會的成員們謀福利和保護他們的財產，既然政治權力是每個人所交出的在自然狀態中的權力。❸而且除了保護社會成員的生命、權利和財產以外，不能再有別的目的和尺度。

所以政治權力不能是一種支配社會成員的生命財產的絕對的、專斷的權力。❸

因此，我認為政治權力就是為了規定和保護財產而制定的法律權利，判處死刑和一切較輕處分的權利，以及使用共同體的力量來執行這些法律和保衛國家不受外來侵害的權利；而這一切都只是為了公眾福利。❹

自然狀態中的個人是怎樣交出他們的權利呢？是經由委託。❹

---

❸ 同❶，參考§21。

❸ 同❶，§171, p.107。

❸ 同❶，§171, p.108。

❹ 同❶，§3, p.2。

❹ 同❶，參考§136及§149。

自然法是不成文的，現在委託適當的人選去立法，又委託專職的法官去執行。而這一性質的另一面便是法是要經由公共的機構制定的，而不能是臨時的、專斷的命令。❷

　　洛克有一段話可以使我們對上述政治權力的性質的起源有較親切的印象：

　　　　因此，人們聯合成為國家和置身於政府之下的重大的和主要的目的，是保護他們的財產；在這方面，自然狀態有著許多缺陷。

　　　　第一，在自然狀態中，缺少一種確定的、規定了的、眾所周知的法律，為共同的同意接受和承認為是非的標準和裁判他們之間一切糾紛的共同尺度。因為，雖然自然法在一切有理性的動物看來，是既明顯又可以理解的，但是有些人由於利害關係而存偏見，也由於對自然法缺乏研究而茫然無知，不容易承認它是對他們有拘束力的法律，可以應用於他們各自的情況。

　　　　第二，在自然狀態中，缺少一個有權依照既定的法律來裁判一切爭執的知名的公正的裁判者。因為，既然在自然狀態中的每一個人都是自然法的裁判者和執行者，而人們又是偏袒自己的，因此情感和報復之心很容易使他們超越範圍，對於自己的事件過分熱心，同時，疏忽和漠不關心的態度又會使他們對於別人的情況過分冷淡。

　　　　第三，在自然狀態中，往往缺少權力來支持正確的判決，使它得到應有的執行。凡是因不公平而受到損害的人，只要他

❷　同❶，§ 131, p.79。

們有能力，總會用強力來糾正他們所受到的損害；這種反抗往往會使懲罰行為發生危險，而且時常使那些企圖執行懲罰的人遭受損害。❸

第七節　政府的成立與形式

從以上所說政治社會具有人人所交出的權力，與人人之加入為成員受其統制，政治社會已經是政府了。這政府稱公民政府（civil government）。它是由自然狀態中的個人自願組成的，❹經過每個人的同意而組成的，❺經由每個人的加入而組成的。❻

這政府或共同體(community)雖是經由每個人的同意而組成的，可是它是一個個體，作為一個個體來行事。它的行事取決於大多數人。如果大多數人不能替其餘的人作出決定，它就不能作為一個個體（或整體）而行動。何況，要取得每一個人的同意，幾乎是不可能的。❼

自然狀態中的個人之同意加入這共同體也就像是跟大家訂了契約了。❽這同意是同意交出他在自然狀態中的本有的權利以及同意受制於政府的法律。❾不過同意有明白的同意和默認的同意的區別。事實上，只要身在那個政府的領土範圍以內，就構成某種程度

---

❸　同❶，§124, p.76～77。

❹　同❶，參考§78及§81。

❺　同❶，參考§96。

❻　同❶，參考§119。

❼　同❶，參考§96、§97及§98。

❽　同❶，參考§97。

❾　同❶，參考§119。

的默認。但是洛克又說:「除了透過明文的約定以及正式的承諾和契約以確實的加入一個國家，沒有別的方式可以使任何人成為那個國家的臣民或成員。」❺⓿也許他這是就外國人之入籍而說。也許他是以為照說應該明文訂約加入，但是相當程度的默認也是可以的。因為他也有這樣的話:「唯有明白同意加入一個社會才使一個人成為該社會的正式成員、該政府的臣民，這是不容懷疑的。困難的問題在於應該把什麼舉動看作是默認的同意以及它的拘束力多大。」❺❶

由上述的途徑成立的政府可以有幾種形式。例如，純粹的民主政制，這是人民可以隨時運用全部權力來為社會制定法律，通過他們自己委派的官吏來執行那些法律。寡頭政制，這是把制定法律的權力交給少數精選的人和他們的嗣子或繼承人。君主政制，是把這權力交給一個人。世襲君主制，這是交給他和他的嗣子。還有選任君主制，是在他死後，推定後繼者的權力仍歸於大多數人。也可以依上述這些形式，建立複合的或混合的政府形式。❺❷

第八節　政府的權力

政府的權力以立法權為最高，執行權（行政權）、對外權（外交權）都在其下，其他輔助性和從屬性的權力更在其下。❺❸

立法權的來源是人民的委託。所以當人民發現政府的立法行為跟他們的委託相抵觸時，人民可以罷免或更換立法機關。也就是，

---

❺⓿　同❶，§ 122, p.75。

❺❶　同❶，§ 119, p.73。

❺❷　同❶，參考 § 132。

❺❸　同❶，參考 § 145～152。

可以委託，也可以取消。委託一被取消，權力便又回到當初授權的人們手中，他們可以重新把它授予他們認為最有利於他們的安全和保障的人們手中。**❺❹**

如果執行權不是屬於也參與立法的人，它顯然是受立法機關的統屬並對立法機關負責的。在有些國家，執行權屬於單獨的一個人，這個人也參與立法，這樣，他可被稱為至高無上的權力者。不過這並不是因為他本身握有一切最高的制定法律的權力，而是因為他握有最高的執行權，而這又因為他是被賦有法律權力的公僕。**❺❺**

立法機關沒有經常存在的必要，但執行機關卻必須經常存在。因為並不需要經常制定新的法律，但執行所制定的法律卻是經常需要的。**❺❻**

執行權既握有實力，如果利用來阻礙立法機關的集會與行事，人民有權用強力來加以掃除，而恢復立法機關。**❺❼**

由於人類事物變化無常，不能適用一成不變的規定，無法硬性規定立法機關的集會日期和期限，因此只能把這事委託給一個經常存在和負責照管公眾福利的人，由他來審慎的作出決定。**❺❽**基於同樣理由，洛克認為握有執行權的人可以有些特權，以便不必嚴格和呆板的執行法律而致造成對大眾的傷害，例如鄰居失火，仍呆板的執行法律而不把一家無辜的人的房屋拆掉來阻止火勢蔓延。因此統治者在某些場合應當有權減輕法律的嚴峻性和赦免某些罪犯。這種

---

❺❹ 同**❶**，參考§149。

❺❺ 同**❶**，參考§151～152。

❺❻ 同**❶**，§153。

❺❼ 同**❶**，§155。

❺❽ 同**❶**，§156。

並無法律規定，有時甚至違反法律而依照自由裁處來為公眾謀福利的行動的權力，就被稱為特權。❺❾

要注意「為公眾謀福利」這一片語，合乎這片語的是真正的特權，人民不會在細節上斤斤計較。然而誰來判定是否「為公眾謀福利」呢？洛克無奈的說：「人民沒有別的補救辦法，只有訴諸上天。」❻⓿ 在理論上，人民可以罷免統治者。他這無奈可能是對現實而發。

由以上所述關於政治權力的話，可以看出立法是委託立法，統治是委託統治。

第九節　洛克方案之完成

既然是委託立法和委託統治，洛克的目標已可由此達到了。委託立法則「統治權在人民」，委託統治則「統治這件事並非每個人自己在做」。順是，「有統治這件事，但是統治者是人民。」最後便「使每個人得到安全，同時又不受壓制。」問題是委託以後，受託者是否能忠誠的執行所託，以及當他們不忠誠執行時，委託者如何取消原先的委託。洛克並未具體提出方案，他只是示當人民可以強力取消之。

第十節　委託觀之持續

如果我們把委託立法與委託統治稱為委託觀，那我們在以上所

---

❺❾　同❶，參考§158及§160。

❻⓿　同❶，§168, pp.105～106。

說的是委託觀如何成為公民政府的成立的方案的主角。以下我們將說到在公民政府或任何形式的政府成立以後的一些情況中，委託論如何扮演重要的角色。

第一個情況是，委託立法這件事不獲貫徹實行。例如當立法機關被破壞或解散的時候，有人未經人民的委派而擅自制定法律的時候。這便引致政治社會的解體和消亡，因為立法機關是給予政治社會以形態、生命和統一的靈魂；分散的成員因此才彼此發生相互的影響，同情和聯繫。政治社會的解體亦即委託已被取消。人民可以重新再做一次委託，委託另一批人成立新的立法機關。

> 如果那些受社會委託來表達公眾意志的人們受人排擠而無從表達這個意志，其他一些沒有這種權威或沒有受這種委託的人篡奪了他們的地位，那麼人人可以根據他自己的意志，各行其是。
> 他們因此又擺脫從屬狀態，可以隨意為自己組成一個新的立法機關，可以完全自由的反抗那些越權強迫他們接受某種約束的人所施用的強力。⑥

第二個情況是，握有最高執行權的人疏忽和放棄他的職守，以致業經制定的法律無法執行。這顯然是把一切都變成無政府狀態，因而實際上使政府解體。這時人民就可以自由的自己建立一個新的立法機關。⑥這一情況是君主違背人民的委託，亦即委託統治。上一個情況則是立法機構違背人民的委託，委託立法。同樣的，在這

---

⑥ 同❶，§212, p.133。

⑥ 同❶，參考§219～220。

一情況，洛克所主張的仍舊是委託的取消與重新委託。

在這二個情況下，有可能發生革命。對於革命的發生洛克認為不必多所顧慮。言外之意似為不必因為會發生革命而來否定委託的取消和重做。為什麼不必顧慮呢？他的說法是：第一，革命事實上是不容易發生的，不是在稍有失政的時候便會發生。❸而當嚴重失政之時，即使不假設委託論，仍舊會有革命。❹第二，和平不能只靠對強暴與掠奪的忍讓而維持，所以革命是可以示當的。第三，不要以為革命是叛亂而否定之。真正的叛亂者其實是被革命者。因為他們以強力破壞法律並以強力為他們的違法行為辯護。❺

誰來裁判君主或立法機關是否違背委託呢？洛克的答案是人民。❻

第三個情況是，暴政。「行使任何人沒有權利行使的權力，是暴政。任何人運用他所掌握的權力，不是為了處在這個權力之下的人們謀福利，而是為了獲取他自己私人的單獨利益。統治者無論有怎樣正當的資格，如果不以法律而以他的意志為準則，如果他的命令和行動不以保護他的人民的財產而以滿足他自己的野心、私憤、貪慾和任何其他不正當的情慾為目的，那就是暴政。」❼這個情況可以說是上二個情況的進一步。暴政不只出於君主制的政府，其他政體也可能❽。

---

❸　同❶，§225。

❹　同❶，§224。

❺　同❶，§226。

❻　同❶，§240。

❼　同❶，§195。

❽　同❶，§201。

對於施行暴政的人，洛克認為「他就不再是一個官長」，因為他「超越了法律所授予他的權力」。❻❾這仍舊是按照委託觀而主張的取消委託。當然這就發生對君主的反抗。洛克示當這種反抗。他認為這個示當不致導致一個國家陷入無政府的混亂狀態。因為一方面人民不會亂用強力，❼⓿當受害的百姓還可訴諸法律的時候也不會用強力，❼❶受害者只是少數人時即使使用強力也不致釀成暴亂。❼❷另方面，通常有元首的人身免罰的制度，所以即使發生強力的暴亂，國家仍可安定。❼❸但是到了大多數人受害，到了大家都岌岌可危的時候，不管示當或不示當這種反抗，反抗都是免不了的了。❼❹

第四個情形是篡奪。篡奪的人是「不用國家法律所規定的方法取得行使統治權的任何部分的權力」「因為他不是法律所指定的人，因而就不是人民所同意的人。」❼❺也即是他並非人民所委託統治的人。此外，篡奪永遠是不正義的。❼❻

第五個情形是征服。洛克所說的集中在征服者因為其勝利所可示當得到的權利，與不可示當得到的權利。在不義的征服，征服者完全沒有可示當得到的權利，即使被征服者曾承諾。❼❼在正義的征服，征服者可示當得到的權利有：第一，對曾經不義的攻擊他的人

---

❻❾ 同❶，§ 202。

❼⓿ 同❶，§ 204。

❼❶ 同❶，§ 207。

❼❷ 同❶，§ 208。

❼❸ 同❶，§ 205。

❼❹ 同❶，§ 209～210。

❼❺ 同❶，§ 198。

❼❻ 同❶，§ 197。

❼❼ 同❶，§ 176。

的生命有專制的、絕對的支配的權力,理由是這些人已因為參加這一攻擊而喪失其生命權❼但是除了作為賠償的以外,對他們的財產沒有權利。❼第二,對未曾參加戰爭的人的生命和財產都無權力,也無統治權,❽因為他們既未參戰也未授權他們的統治者去從事這一戰爭。❽第三,對和他共同作戰的人,對被征服的人們的後裔無統治權,反而應將戰利品給和他共同作戰的人分享。❽第四,對被征服者的後裔無財產權。❽第五,對被征服國的土地不能有所主張。❽第六,雖然對曾經不義攻擊他的人可以求取賠償,但是不可多求,也不可向他們的子女求償,反而求償的數量不可多到使他們不能照顧他們子女的生活。❽

　　總觀以上六點,可知洛克認為即使在合法的或正義的征服,征服者只有對參與攻擊他的人(包括幫助、贊成或同意的人)有統治權,對實際參與攻擊他的人有生命權和從其財產中求取賠償的權利。——從這兒可知洛克認為征服者不能在被征服國建立新政府,這新政府仍應由被征服國的人民委託立法與委託統治而建立。

　　另一方面,對未曾參與攻擊他的人,征服者並無統治權。因為他們未委託他們的統治者去從事這一攻擊。對跟他一齊作戰的人,

───────────

❼　同❶, § 178~179。

❼　同❶, § 178及§ 183。

❽　同❶, § 178。

❽　同❶, § 179。

❽　同❶, § 177。

❽　同❶, § 194。

❽　同❶, § 184。

❽　同❶, § 183。

征服者也未因此得到對他們的統治權。❽因為，我們可以補足洛克的話，這要經由他們的委託。

> 征服並不等於建立任何政府，正如拆毀房屋並不等於在原處重建新屋一樣。❽

現在補述為什麼征服者不可對被征服國的土地有所主張。因為第一，通常土地的價值大於戰爭的損失。❽在土地價值較低的地區，則根本不會有征服者要求土地。❽第二，被征服國的土地該國人民的後裔也要用。❾

第十一節　洛克工作的檢討

洛克的工作性質是示當與增強，而較非提出與建構。這點我在一開頭已經說到。「使每個人得到安全，同時又不受壓制」這個目標在洛克筆下是已經出現的史實，首先他出現在人類的初形的自然狀態，人人都自由平等，無壓制的事，人人都在自然法的範圍內行動，不侵害別人，所以也無不安全的事。人類的歷史接下來是戰爭狀態，因為人並不是完全講理，出現了人掠奪、侵害別人的事。於是人類的歷史到了第三期，公民政府出現了，政治社會形成了。這

---

❽　同❶，§ 177。

❽　同❶，§ 175。

❽　同❶，§ 184。

❽　同❶，§ 184。

❾　同❶，§ 184。

出現、這形成，是經由社會契約。即大多數人為了求取穩固的安全，交出他們本有的權利到可信任的少數人手中，委託他們去訂立成文法，委託他們去執行這些成文法，亦即委託他們去統治。一旦這些少數人，違背所託，施利暴政，人民可以取消原先的委託。再做另一次的委託，組成新的政府。或者離開原有的國土，到別地方去建立新國。然而，既是史實，還有什麼「目標」好說呢？這是由於這種委託狀態本身也是不穩定的。例如尚未惡化到暴政的君主專制，甚至暴政的出現。所以洛克便以穩固委託狀態作為他的目標。他如何來穩固呢？第一他要示當這委託狀態的史實。為什麼說是「示當」呢？因為他是由應然來證實實然。這應然是從人是神所造、是有理性的說起。人既是如此，便天生都是自由、平等和獨立的。而當他們需要穩定的和平與安全之時，他們自會採取契約的方式。他有一段話表示這種想法：

> 正如上述，人類天生都是自由、平等和獨立的，如不得本人的同意，不能把任何人置於這種狀態之外，使受制於另一個人的政治權力。任何人放棄其自然自由並受制於公民社會的種種限制的唯一的方法，是同其他人協議聯合組成一個政治社團，以謀他們彼此間的舒適、安全和和平的生活，以便安穩的享受他們的財產，並且有更大的保障來防止政治社團以外任何人的侵犯。❾

怎麼由應然來證實實然呢？洛克用的是另一個「應然」，即「已知有第二個階段，便知必有第一個階段，雖然我們並未見到第一個

---

❾ 同❶，§91, p.57。

階段。」他說：

> 假如我們因為很少聽見過人們處在自然狀態，就不能推定他
> 們曾經是處在這種狀態中的，那我們也可以因為很少聽見過
> Salmanasser 或 Xerxes 的軍隊在成人和編入軍隊以前的情況，
> 而推定他們根本沒有經過兒童的階段了。政府到處都是先於
> 記載而存在的，……國家也像個人一樣，通常對於自己的出
> 生和幼年情況是不清楚的。**❾❷**

　　第二他要示當委託狀態。示當委託狀態的史實和示當委託狀態
是二件不同的事。前者要證實有這一個史實，後者要證實這一個史
實是合理的、是應被肯定的。前者示當「是」，後者示當「可」。除
了委託狀態這一史實以外，還有君主專制的史實、篡奪的史實、征
服的史實。後面這三個史實洛克並未加以否定，也就是他並未說只
有委託狀態這一史實而沒有別的史實。他所說的無寧是除了這幾個
別的史實以外，還有委託狀態這一史實。而這四個史實之中只有委
託狀態這一史實中的狀態是人類應該加以推崇、應該讓他存在下去
的。另一方面，對於想示當君主專制的言論，洛克加以駁斥。這可
以說是間接示當委託狀態。至於篡奪與征服，洛克則直接加以否定，
認為根本不可視為政府的來源。

　　君主專制的示當是以示當「是」而示當「可」。認為既然事實
是如此，便只有認可之。這兒所示當的「是」是人類一開始便是在
「敵對、惡意、暴力和互相殘殺的狀態」**❾❸**之中，所以需要強有力

---

❾❷　同**❶**，§101, p.61。

❾❸　同**❶**，§93。

的人成為君主且作專制的統治。洛克不承認這個「是」， 他認為人類一開始是「和平、善意、互助和安全的狀態」。❹處在他的時代，洛克並未否定君主，只是否定君主的來源之為「強者統治弱者」，他認為這來源是「大多數人的委託或同意」。

跟君主專制一脈相連的是君權神授說。此說企圖由「君權可能源自父權」這一事實的可能性而示當君權之為神授，因為第一個父親是亞當，而亞當的一切都來自神。洛克駁斥這個示當。首先，神授之權未必遺傳給後裔；即使遺傳，也無法確證每一位君主都是合法的繼承人，即，最長的嫡裔。其次，父權少於君權。父權只是管理的權利，是一種自然的統治，不及於子女的生命和財產，而專制的君權則是及於人民的生命財產。❺「父權不能包括一個君主或官長對他臣民的那種統轄權的任何部分或任何程度。」❻最後，父權來自理性。人人都有理性，可是兒童還不會運用理性，他們的思想和行為因此需要照顧和管理。父母是成人，他們的理性告訴他們，有照顧和管理子女的義務。所以父權來自父母的義務，亦即來自父母的理性。❼父權也因此是暫時的，到了子女成熟而能運用他們的理性之時，父權便終止了。

洛克筆下主張君主專制的是Thomas Hobbes（1588～1679年），主張君權神授的是Sir Robert Filmer（？ ～1653年）。

---

❹ 同❶， §19。

❺ 同❶， §170及§172。

❻ 同❶， §71。

❼ 同❶， §57～58。

第十二節　洛克工作的批評

第一，他的委託觀、三權分立，㉚對後世政治有實際且重大影響。社會契約說和天賦人權的主張也在他以後頗生作用。

第二，他的整個思想立基或根源於他講理的精神。他可能是從他自己講理，類推到或相信著人天生是講理的，所以在自然狀態中，初是人人自由、獨立、平等、和平的，而且人人知道理該如何行為，這即自然法。同樣，由於他講理，他承認「人有時候也不講理」這個事實而不抹殺這個事實。天賦人權來自人的講理，一個人一旦不講理就喪失他的自由權和生命權，別人就可以取他的生命。

可見「講理」在他思想中的重要性。

委託觀是因為人有時候不講理而需要，又因為人講理而產生，講理所以自願立約成立政府。

不過洛克尚未處理「當人用他不講理的部分來對付講理的部分的時候」該怎麼有效的來解決，也就是當強權戰勝公理之時，有效的辦法是什麼？洛克似乎只是無奈的訴諸上天。委託觀是用講理的部分來解決不講理的部分。可是當不講理的部分反過來對付講理的部分，又將如何？我想，我們不宜對任何人有求全的要求。我只是要借機提出來，這個問題是政治學該有的大課題，是人類的大課題。

第三，人類的政治社會、政府，是不是由委託而生？洛克固然示當其「可」，但是他對於其「是」的示當是否強到足以打敗其他學說，例如認為政府的出現是由於強者統治弱者？我想，不夠強。然而，對錯即使判然，歷史已經過去。洛克思想所要發生作用的在

㉚　同❶§146及§148。

於他對「可」的示當。

第四，進一步深究的話，他的委託觀隱藏著「個人與集體之間的不定」。 是個人居先呢? 還是集體居先? 委託立法實際上只取決於多數人，無法取決於每一個人。於是，洛克是個人主義呢? 還是集體主義呢? 便成了不定的問題。在人人正義、人人講理的情形下，個人與集體的福利是一致的，所講的理也是一致的，所以這「不定」可以「安定」， 我想洛克是這麼想的。去掉這個前提，問題就出現了。其次，洛克的思想中有一些可以被挖出來討論的問題，但事實上未必是問題的問題。例如在洛克的心目中，人是不是必須臣服於權力的統治，換言之，社會契約這件事是不是也包含「臣服」這件事。又如，洛克的財產觀是不是對資本主義社會中的無限制的追求財富加以示當。事實上，契約與臣服可以並存，即自願與某人訂約而臣服於某人之下。洛克認為為了求取穩固的安全必須有統治，這即是人要臣服於統治的權威之下。他跟Hobbes的分別在於「是否自願」、「這權威是否絕對的、專制的」、「這權威是否可以被收回」這幾點。其次，洛克認為人是按理性行動的，追求自己用不著的財產是違反自然法，違反神的意思的。

第三章　教育論

洛克在教育方面的意見可概述於下：

第一節　教育的目標和可能性

教育的目標在養成社會的成員，在教養出好品性與有用的人，十分之九的人是由於教育而成為善良和有用的。如果教育不當，也能使他們成為邪惡與無用。

教育施展在人的秉性上。人生而有其氣質、性情、性格，讓它們往好的方向改變，是教育的工作。只不過天生的性格只能修改，無法全然改易。就像人的容貌一樣。而人性之所以能修改，是因為人在慾望之外，尚有理性。人能自己否定自己的慾望，背反自己的性癖，而純然聽從理性的指示。二個人的慾望雖然相同，但是理性的控制能力的強弱卻使他們成為不同的二個人。所以理性可以說是教育的可能性所依存的地方。

總結的說，由於人一方面生而有必須加以控制的性癖與慾望和激情(passions)，另方面又生而有能施行這種控制的理性，教育的目標和可能性便出現了。與此相稱的，人生而有才能，實現潛能也是教育的目標。教育能改變一個人發展的方向。

第二節　洛克構作教育思想時的心態

第一是「從頭的」。好比一位研究者研究某一本經典之作，有
二種方式，一種是盡量搜集歷史上對這本經典的研究成果，而盡量
參照它們。一種是從這本經典本身開始研究，其成果可能有跟歷史
上已出現過的成果一樣的，但是這並非由於參照歷史上的這個成果
而來。其成果也可能有跟歷史上的某一成果相左的，但這也並非由
於他在研究之時參照歷史上的成果而發出的批評。這後一種方式就
是「從頭的」。洛克之構作他對教育這事的思想，便是採取從教育
這事自身想起的態度。前一種方式可稱為「參照的」。當然實際上
一個研究工作無法將這二種方式截然劃分，只不過有基本上是那一
種方式的分別。採取「從頭的」方式的研究者不可能對歷史上的成
果一無所知，但是他在思考之時可以自我把持，作「從頭的」研究。
歷史上的成果會幫助他的「從頭式」的研究，而他的研究仍保持其
為「從頭式」的。

第二是「講理的」。就一件事情本身說、就一件事情本身看，
該怎樣就怎樣。這就是講理的態度。在學問的研究上，不講理的情
形通常來自「參照的」研究方式。洛克既然採取「從頭式」，所以
便同時也是「講理式」的了。

第三節　教育的方法與途徑

第一是效率的。例如，不要由記憶規則來教導兒童，而要以不
斷的重複練習來養成兒童的習慣。因為記憶規則總會忘記，是沒多

大效率的。又如，老師和父母應充分了解兒童的本性和才能，看那些是他容易做到的、看他適合於那些方面，又看怎樣來增進他的本性。因此對每一個兒童的教育方法都有所不同，於是，洛克又主張個別教導是較好的，還認為宜用圖片來教學。認為教學應使兒童愉快，不要使兒童厭煩，這些都是可以增進教學效率的。

第二是生活的、經驗的、從做中學的。這可以從下引的一些話見到。

> 小孩不要穿得太暖、蓋得太暖。
> 冬天小孩宜每天洗腳。
> 小孩能夠學游泳時就宜開始學游泳。
> 小孩宜盡量接觸戶外生活，即使在冬天。
> 注意兒童衣著的款式，以寬大合身為宜。
> 三餐宜簡單平淡。
> 床鋪宜硬。
> 定時如廁。
> 儘量讓兒童利用廢物併製玩具，這可以使他們學到許多美德，而且一樣的可以娛樂他們。

第三是從觀察得到的，例如：

> 體罰只限於固執、說謊、乖張惡毒的行為。
> 對做對的小孩加以讚美，使犯錯的小孩羞慚，較物質上的、身體上的賞罰有效。
> 父母、老師的行為示範比責打有用。

孩童是講理的，他們早就喜歡人待他們為講理的人。

越早待之如成人，他們便越早成為成人。

以友誼取代權威。

在幼兒期應訓練絕對順從，不過到了他們能講理的時候就宜待之如成人。

小孩應鼓勵參與成人的談話。而父母應討論他們的問題，使他們知道父母對他們的親密。

在兒童很小的時候就應教導他們善待低微或弱小的人以及動物，才不致使他們殘暴。

不要對小孩粗暴、報復、冷酷，這敗壞兒童的心。

第四，道德教育居先。

洛克認為要教育一個孩子成為君子(gentleman)，有四件事是必需的，德行(virtue)、智慧(wisdom)、禮儀教養(breeding)、學習(learning)。質實來說，這四件事是，德目的培養、對事物的正確的看法的培養、好風度的培養、學科的學習。其中只有最後一事是「智育」，前三者都是「德育」。而洛克認為前三者是基本的，要先培養的。

在談到學科的學習的時候，洛克檢討了當時的學科，提出存廢的意見。他還主張孩童宜學習一、二種技藝。

第四章 宗教論

洛克在宗教方面的意見主要有三點：

第一節 論宗教寬容

洛克認為教會是信徒們自願組成的機構，所以教會首腦的權威充其量只及於信徒所托付於教會者。因此洛克之反對教會僧侶，不論其為教皇、主教或牧師，在信徒們的精神事務上的絕對權威，一如他之反對君主在人民上面的絕對權力。洛克認為在宗教方面，個人更應有完全的自由，因為宗教起於個人在其內在生活裡與神的單獨的交通，這交通在個人方面是自由的。

洛克既有如是觀點，自然是主張宗教寬容了。他的論點有三。第一，就教會的性質說，教會並無逼害的權利。也無利用政治權力來施行逼害的權利。教會是人們自願的社會。其起源與政府的類似。但是人們在組成政府時，交出了個人的權利，在組織教會之時卻沒交出。所以教會無權使用威力。第二，對人生及天命的了解，不論是教會或任何人都無法得到充分的真理。當二個人實實在在探索以後，又實實在在的彼此看法不一致。這時要是其中一人因此逼害另一個人，其逼害是無法示當的。怎知道誰更接近真理呢？第三，逼

害只能使被逼害者做出表面的同意，並未說服他們的內心。所以就信仰言，這是一點用也沒有的。

不過，當一個人因為他的宗教信仰的緣故而積極的傷害到別人或國家的時候，洛克主張應不允許這個人再從事宗教。

第二節　論基督教的教理是可以「示當」的

第一，亞當本是不死的，可是他不順從上帝以致他不朽的生命被剝奪了，而死了。亞當的小孩也死了，因為他們的生活並未完全符合上帝的法則，不是因為他們是亞當的小孩。同樣的，所有的人都要死去，因為上帝的法則標準相當高，無人能夠達到。因此上帝差遣他的兒子來救世人。上帝是慈悲的，他使人可以經由他的信仰和神的恩典而享受永生。

第二，摩西的法律是自然的法律，也就是理性的法律。是人用他的理性可以想到的。

第三，仁慈本是人的美德，所以人以他的理性就可相信上帝之為仁慈的與有恩典的。人也可由他的理性而知道上帝是唯一的且至高的。

第四，《新約》中的道德觀完全相應於人的理性。

洛克認為啟示與理性是二回事，但是啟示不與理性抵觸。這就是他在示當基督教時的精神。

第三節　關於上帝的存在及上帝的本性

第一，我們是能思維的，所以作為我們的創始者的也必是能思

維的。如是，第一因應是精神。其次，宇宙是如此偉大，當非原子們的偶然的集合之後果，而是有智慧的造物者的作品。復次，人不只能思維，還有道德意識，而這意識要求上帝的存在。

第二，上帝這個概念的內涵也像其他概念一樣是由感覺和反省所得的觀念複合而來。我們人類是有限的，所以我們所得的概念也是有限的。可是上帝是無限的，因此上帝的本性必是比我們所得的要優越許多。例如當我們說上帝是智慧的，我們所指的便是上帝的智慧是高出任何我們所知的智慧。當我們說上帝是善的，也是如此。

我們所得的上帝這個概念的內涵是，上帝是一、是永恆的、是有真正的快樂和幸福的、是全知的、全善的、全能的。

第五章 倫理論

第一節 倫理道德問題的初步討論

我們可以分二方面來敘述洛克對於倫理道德的討論。第一方面是關於他認為倫理道德是什麼，第二方面是關於他主張倫理道德的思想可以演證的問題。

先說第一方面。這可以用二個階段來說，第一個階段可先討論洛克所指出的一個「事實」。這一個「事實」又可以分二頭來說，而這二頭是一樣的，只不過方向不同。從第一頭看，這「事實」是，上帝出於他的意思，對他所造的人類，定出他們行為的規則，他要人類遵從這些規則。❶為了使人類遵從他所定的規則，他在人的思想和感覺上面附加了快樂和痛苦。也就是說當人在想一件事或做一件事的時候，人除了得到發自這件事本身的感受以外，還得到快樂或痛苦。因此，人就會選擇他所做的事。無形中便遵從了上帝的規定了。❷從另一頭看，這「事實」是，人有快樂和痛苦的感受，因

---

❶ 洛克(J. Locke)，《人類認知論》(*An Essay Concerning Human Understanding*)，卷二第二十八章第八節(Essay Two, XXVIII, 8).

❷ Essay Two, VII, 3。

此在行為上有趨樂避苦的性向。❸而引致快樂者或減少痛苦者為善，引致痛苦者或減少快樂者為惡。❹所以趨樂避苦亦即趨善避惡。不過這並不即是道德上的善惡。要在這種趨樂避苦的行為，亦即自願的行為符合能引致苦樂的法則之時，才是道德上的善或惡。為什麼法則能引致苦或樂？因為立法者可以使守法者樂（獎賞），不守法者苦（處罰）。❺此外苦樂兼指身體的和心靈的。而求樂應求真正且堅實的樂。❻因為快樂有短暫的和持久的分別，有當下的和將來的分別，有今生的和來世的分別。❼上帝所要賜福的是那持續耐心追求榮譽和永生的人。❽

　　能引致苦樂的法則有三種：神法、市民法、公評或名譽法 (the divine law, the civil law, the law of opinion or reputation)。其中市民法是國家制定的法律，有明確的條文和範圍，是積極法。其他二法不是積極法。神法是神所制定。（我想質實的說，神法只是神意，並非條文。只是神認為人可做什麼事，不可做什麼事的意思。宗教上有戒律之類，或可視為神法的條文。）公評或名譽法是個人居住地公眾對個人行為的評價，因而相關於個人的名譽，乃對個人成為規則了。這三種規則或律則都有強制性。其能強制在於能使依規則行事的個人得到快樂，違者得到痛苦。市民法是國家的法律，違法者受刑而受苦。神法則因神有偉大的權力，可以賞罰人類，而且他的

---

❸　Essay One, III, 3及 6; Essay Two, VII, 2、3及 4; Essay Two, XXI5。

❹　Essay Two, XX, 2。

❺　Essay Two, XXVIII, 57。

❻　Essay Two, XXI, 52。

❼　Essay Two, XXI, 52～72。

❽　Essay Two, XXI, 62。

賞罰可以到達來世而永久無限。其賞罰引致快樂與痛苦。至於公評或名譽法，則是由於名譽也是使人苦樂的事。

違反這三法都是犯罪，不過性質不同，分別是宗教的、法律的、道德的。在英文分別為sin, crime, vice三字。前二字中文都譯為罪，後一字則譯為罪惡或邪惡。（《人類認知論》第二卷第二十八章第六節起到第十四節可以見到上文所說關於這三種規則的種種。）

接下來說第一方面的第二個階段。這第二個階段要指出上述的一個「事實」在倫理學上的意義。

第一，有快樂主義(hedonism)的色彩；

第二，有自我主義(egoism)的色彩，因為洛克強調苦樂落實於個人的感覺；但是也不排除功利主義的色彩，因為既有公評或名譽法，而公評自然傾向於讚譽造福較多數人的幸福行為。洛克早期的著作且曾說為害社會所犯的罪較為害個人所犯的罪為大，這當意含為福社會之善較為福個人之善為大。

第三，有經驗主義的色彩，因為人是由苦樂的感覺而知道善惡。但是也不排除理性主義的色彩，因為道德上的善惡來自行為的是否符合規則，而對規則的了解除了經由苦樂的感覺以外，也經由理性。

第四，有以神為道德的來源與標準的背景。因為不但最後的規則來自神（三種規則之中以神法為最高），苦樂也是神所附著於人的感覺的。

現在說第二方面。洛克主張道德的思想是可以演證的。演證這詞原文是 demonstration。這詞譯為論證或證明的話，難免是指「已經有了一個思想，然後去證明其為正確」之意。譯為證成亦然，是指「已經有了一個思想，然後去證明其能成立」。若以為是「證然後成」，則是未證之前尚無可證，則何云證？所以我想反而不通。

關琪桐譯此詞為「解證」仍有指「已經有了一個思想，為什麼會有這個思想，現在予以解答」之意。這些都不合洛克用此字之時的意義。洛克之意是由demonstration得到一個道德思想，不是已經有了一個道德思想。洛克是說由幾個觀念開始可以得到一個道德思想。而這個「由開始到得到」的過程不是任意的，而是有根據的。❾所以我譯此字為演證，是「演且證」之意。

我這釋詞已經是點出洛克的主張所在了。他的主張可以陳述如下：第一，觀念和觀念之間會有關係，❿關係都是由簡單的觀念們所形成的。⓫第二，關係是由比較兩個或兩個以上的觀念而生的。人在考量一個觀念時，如果把它同別的觀念一塊考量，並且在二個觀念之間來回觀察，這就看到關係。⓬第三，有一種關係叫道德關係。⓭第四，道德關係是可以演證得到的，就如數目與廣表的關係是可以演證的。（作者按，原文the relation of other modes可指道德關係。）⓮

謀害是惡。這就是一個道德關係。（作者按，洛克在此說明「謀害是惡這個思想是有實在性的」，亦即若有人有了謀害這行為，某人的這行為為惡，所以這個思想是落實在行為上的。不過「謀害是惡」這個思想在原文是「謀害是應當受死刑的」這個思想。我想，「謀害是惡」也是道德關係，不過可以爭論它與「當受死刑」何者

---

❾ Essay Four, IV, 7。

❿ Essay Two, XXV, 1。

⓫ Essay Two, XXV, 11。

⓬ 同❿。

⓭ Essay Two, XXV, 4。

⓮ Essay Four, III, 18, Sec.2。

居先的問題。）⑮

　　另外，一個人的行為，例如謀害，之符合「謀害是應當受死刑的」這條法律，因而為惡。這也是一個道德關係。這個關係是行為與法條之間所生的關係，和上述「謀害是惡」之係由構成「謀害」這個觀念之觀念們間所生的關係者不同。——作者按，在《人類認知論》第二卷第二十八章洛克明文說行為與規則之是否契合所產生的關係是道德關係，⑯在這第二十八章所說的都指這一種。至於「謀害是惡」這一種道德關係，洛克似乎並無明文。不過，《人類認知論》第四卷第三章和第四章所說的應該屬於這一種。

　　洛克的主張還有第五點，道德關係（在此應指「謀害是惡」這一種，作者按。）不必由事實產生而仍具實在性，就像數學一樣。因為道德觀念是原型(archetype)，⑰作者按，原型本身即是事實，雖然洛克本人沒說，甚至未意識到這一點。所以所謂「原型本身不必參照事實而仍實在」是指「不必參照另一事實」之謂。數學上的圓是原型，不必參照人生中所見的圓而「仍」實在，甚至可云「更」實在，因為它更完全。又按，原型之所以實在的另一個說法是，原型之實在本質(real essence)與名目本質(nominal essence)是同一的。

第二節　洛克的倫理道德思想內容

　　接下來我想討論一下洛克的倫理道德思想。首先是他的說法使倫理道德兼具經驗的和理性的成分。人的道德知識和道德事實都由

---

⑮　Essay Four, Ⅳ, 8。

⑯　Essay Two, XXⅧ, 4。

⑰　Essay Four, Ⅳ, 7。

於有苦樂的感覺，而且道德原則並無天賦的成素在，所以「道德的」是經驗的。另一方面道德思想之可以演證與人之有理性有關❸，而且人之能夠知道上帝對人的行為的規則是因為這種規則是由自然之光或默示所發布的，❹換言之是向人的理性發佈的，所以「道德的」是理性的。現在問，洛克對道德的思想既是經驗的又是理性的，那麼是不是不一致呢？有人認為是。對於這個問題也許可以經由二個澄清而去解答。經驗的與理性的是對立的，但是一個事實在兼有對立的雙方之時，這個事實並不因此是不一致的。例如，陰陽是對立的，但是許多事實都兼合陰與陽。這是第一個澄清。其次，當我們說「一個理論」的時候我們是指一個理論的「學派」或是一個理論「本身」？學派通常是形式的，本身則是事實的。二個學派可以是對立的，但是一個理論本身卻可以兼容幾個學派，這些學派可以是對立的，可是這一個理論自身卻仍舊是一致的。另有一種形式的事實我想是很少的，如其有之，這個事實恐怕將是難以存在的。這個事實如果是一個理論。那便是這個理論將是滯礙難行的。──附帶一言，我想有些政治理論就是因此而行不通。這是第二個澄清。

其次是洛克這方面的思想是否有理性的成分？剛才說的是洛克在這方面既是經驗論的又是理性論的，現在卻是問，真的有理性論的成份嗎？人之獲知神所訂的規則是依靠理性，亦即自然之光。但是(1)規則自身是不是由理性制訂？(2)人之演證道德思想是不是經理性？先說後者。依洛克的意思，人可以由思考幾個簡單觀念得到一個叫謀害的複雜亂念，同時得到惡這個觀念。❹可是，其間的過程

❸ Essay Four, III, 18。

❹ Essay Two, XXVIII, 8。

❹ Essay Two, XXVIII, 15～16。

也許是自明的 (數學的演證有的是自明的)，❹ 自明的是不是理性的呢? 這牽涉到理性一詞的意義了。不過我想這「自明的」，　在道德思想方面，是對思想而非對感覺或感官自明的。所以最少可說，人之演證道德思想是在思想中進行的。

　　但是經驗的與理性的固然可以並存，可是我們所云理性的成分到底存於洛克對倫理道德的思想的那一部分，卻有問題。由於洛克所云道德關係事實上有二種，而他本人在意識上似乎未發覺到有這二種的區分，所以有時候他好像是指這一種而言，有時候卻好像是指另一種而言，以致道德關係到底有沒理性的成分有了問題。道德關係如指道德規則而言，例如「謀害是惡」，那麼，有理性的成分。如果指行為之符合或不符合規則而言，例如符合「謀害是惡」的行為是道德上的惡，那麼，可能只需經驗的成分，因為符合與否是經驗事實，作經驗的判斷便行。然而，問題沒那麼簡單。因為「規則」云云可能到頭來卻是「符合規則」，　因而也只需經驗的成分。例如「謀害是惡」這規則可能只是「符合規則」，　它本身並不是規則。謀害為什麼是惡呢? 因為謀害會受到懲罰，受到懲罰則得到痛苦的感覺，產生痛苦的為惡，所以謀害是惡。這中間是一串經驗過程，不必理性。而謀害會受到懲罰是規則，所以「謀害是惡」到頭來是「符合規則」，　不必理性的成分。但是謀害為什麼會受到懲罰呢? 是謀害這事產生痛苦，抑是謀害這事本身為惡? 如係因為產生痛苦，這痛苦是謀害者的或被謀害者的? 如係被謀害者的，則成為「產生他人的痛苦者為惡」。　為什麼為惡? 恐怕這是理性的作用，不是經驗的作用了。如係由於謀害本身是惡，其中之有理性的成分更是明白。綜上所說，道德關係有沒理性的成分這個問題該怎麼回答呢?

---

❹ Essay Four, III, 18。

我想可以先把道德關係分為「存於規則的」和「存於行為之符合規則的」二種。然後再把「存於規則的」分為「假性的存於規則的」和「真性的存於規則的」二種。最後，將「假性的存於規則的」劃歸「存於行為之符合規則的」。到此，可以來回答問題。答曰：「存於行為之符合規則」的道德關係不必有理性的成分。「存於規則的」道德關係有無理性的成分則應加以討論。

仍以「謀害是惡」為例，謀害為何是惡？因為：

1.見謀害則直覺的或自明的知其（或以其）為惡。或，

2.因為謀害這個行為引致別人的痛苦，所以是惡。或，

3.從構成「謀害」這個觀念的觀念們演證出謀害是惡。

這三種情形是不是「理性的」都是可以討論的，因為何謂理性這個問題要先決。不過，這三種情形都在「經驗的」以外。還有第四種情形：

4.由於神的任意。即，神認為謀害是惡。神為什麼如此認為？沒有理由。（神有善惡的觀念，但是何事為善，何事為惡，只是神的認定。）

這一種情形不具理性的成分。神會不會只是「任意」呢？如只就洛克言，洛克似乎並未如此說過。（作者並未讀遍洛克所寫下來的，所以只能說「似乎」。）

有一說，神如果要有理由，神就是有限的了。尚有第五種情形：

5.到底是「謀害是惡」為規則或「謀害應受懲罰」是規則？或者問，二者以何居先？如係後者居先，則經驗的成分多於理性的成分。因為懲罰是經驗的。如係前者居先，則理性的成分多於經驗的成分。其次，所謂「居先」是不是說「無更先」？說「謀害為惡」居先，是不是即指「為惡」即是「為惡」，更無在它前面的理由。

「應受懲罰」就是應受懲罰，更無應受懲罰的理由。如果「居先」不即指「無更先」，　將出現「是經驗的」和「是理性的」這二個情形輪流出現的困境。所以洛克的思想兼含經驗的與理性的，這「兼含」固不致使他的思想不一致，卻使他的思想不清楚。

　　然而有較嚴重的問題在。依洛克的方式，人之得到「謀害是惡」這個思想是先得到謀害這個觀念，然後這個觀念所從出的行動之符合「謀害受懲罰」這條規則引致痛若，由這痛苦的感覺才得到「謀害是惡」。　❷謀害是惡這個道德思想的產生竟與理性無關了。不過「痛苦的即惡的」這句話所指的是一個思想還是一個經驗呢？如果是思想，其中有無理性的成分呢？這牽涉到思想與經驗的區別問題，以及何謂理性的問題，所以是現在尚無從回答。

　　而「謀害應受懲罰」這條規則是如何制定的呢？是根據什麼制定的？因此出現一個問題，所謂演證道德思想是演證道德規則或是演證行為之符合或不符合道德規則而為善或惡？如指後者，則實在沒什麼演證可說，這只是一個事實鑑定（行為與規則之是否符合的鑑定）。　其中的樂即善，苦即惡，是通例，用不著個別演證。洛克所明文說出來的是指後者。但是演證一詞卻只能指前者，而當洛克舉例說明之時，所舉的例，像「無財產，就無非義。」「沒有政府可以允許絕對的自由」是屬於前者。而且他所比附的數學命題也是屬於前者。所以我所說較嚴重的問題是：洛克所云道德思想的演證有二種，其中的一種可說是經驗的，而且事實上並無演證一事。另一種則可問到底有無理性的成分這個問題。如果不將這二種分別出來，問題本身先模糊不清，答案的對錯也搞不清楚了。

---

❷　參考Essay Two, XXVIII, 16中論及偷的行動之為不道德。

第六章　認識論（一）：天賦認識的爭論

　　洛克建立認識論的第一步工作是否定天賦認識說，這見於《人類認知論》的第一卷。❶研究洛克的學者對這卷書不再加以很大的注意，就像否認天賦認識這事已是塵埃落定了。所以一九六六年再版的 O'Connor 寫的《洛克》一書只用二頁略述天賦認識，❷一九七三年出版的 Mabbott 所著的《洛克》則說當今思想界已不見討論天賦觀念這個題目。❸其實就在這個時候，它已經開始重新成為熱絡的論題。一方面是歷史文獻有了新的詮釋工作，❹一方面是有語言學家介入，開闢新的領域。❺

---

❶　*An Essay Concerning Human Understanding* 的 Book 1 有四章，但第一章事實上是全書的引論，所以有人將這章剔出，而使其第二、三、四章成為第一、二、三章。Fraser 採用此法，余亦從之。

❷　D. J. O'Connor, *John Locke*, 1952 初版，Dover Books(New York).

❸　J. D. Mabbott, *John Locke*(London, 1973).

❹　例如 Nicholas White 新譯 *Plato's Meno*, Robert Adams 整編 *The Locke-Leibniz Debate*, 都收在 Stephen P. Stech 所編的 *Innate Ideas* 一書(California, 1975)。

❺　例如 Noam Chomsky 的 *Cartesian Linguistics, Innate Knowledge, Recent Contributions to the Theory of Innate Ideas*, 及 Margaret Atherton 的 *Linguistic Innateness and Its Evidence* 等。

本章分三節。第一節是洛克對天賦認識的爭論之要旨，第二節是洛克論要旨的分析研究，第三節是批評與建議。

洛克論題包含天賦觀念(Innate Ideas)與天賦知識(Innate Knowledge)，所以本章題目稱「天賦認識的爭論」，不稱「天賦知識的爭論」，以涵蓋二者。

第一節　洛克對天賦認識的爭論之要旨

一、洛克之評擊天賦思辨原理之存在

在《人類認知論》第一卷第一章洛克評擊天賦思辨原理的主張，要旨如下：

1.洛克以為天賦論者❻主張有天賦思辨原理之存在，例如「是者是」、「同一物不能是又不是」。❼

101.❽洛克認為並無天賦思辨原理存在。❾

1011.洛克用來否定天賦原理的存在的途徑是提出事實來支持這否定。第一個事實是，人有能力獲得知識。設知識天賦，何必有

---

❻ 洛克所擊天賦論者到底是誰、有無其人，都是問題。但這是史實問題不影響天賦認識的爭論。

❼ 見 Essay One, Ⅰ, 1. (即 Book 1, Chapter Ⅰ, Section 1) 及 One, Ⅰ, 4. 二原理原文是 "What is, is." 和 "It is impossible for the same thing to be and not to be."

❽ "101" 表示是針對 "1" 的辯駁，餘倣此。（即，凡在 0 以後的，便是對 0 以前的反駁。）

❾ 見 Essay One, Ⅰ, 1及它處。

此能力？猶如，使顏色的觀念天賦，則何必有眼睛與視覺。❿

1012.第二個事實是，天賦的印象應該是特別明瞭，特別清楚，特別有強大活力，可是我們並未從兒童見到這些標記。⓫

1013.其他的事實是與天賦論者所提出來支持他們的主張的事實相反的事實。這將在以下見到。⓬

2.天賦論者提出來支持他們的主張的第一個事實是，這些原理是全人類普遍同意的。⓭

201.洛克不承認這是事實，因為大部分人不知道有那二條原理，而那二條是最配稱為天賦原理的。⓮兒童和癡人都不知道它們。⓯

2011.不知道就表示不曾被印入這些原理，說印入而不知，等於說知又不知，這是矛盾，不可思議的。⓰

3.第二個事實是，人們一運用理性就立刻知道這些命題，同意這些命題，所以它們是天賦的。⓱

301.洛克回答說，命題之被立刻同意不即能證明它是本來已印在心上而被理性發現，因為引致「立刻同意」的可能不是理性之被運用，而是語言之被運用，即：一用語言就立刻同意該命題。但我們不能說語言發現了本在心上的命題。⓲

⓾ 見 Essay One，Ⅰ，1。

⓫ 見 Essay One，Ⅰ，27 及 25。

⓬ 見 Essay One，Ⅰ，5。

⓭ 見 Essay One，Ⅰ，2。

⓮ 見 Essay One，Ⅰ，4。

⓯ 見 Essay One，Ⅰ，5及25。

⓰ 見 Essay One，Ⅰ，5。

⓱ 見 Essay One，Ⅰ，6 及 7。

⓲ 見 Essay One，Ⅰ，14。

302.而且，被立即同意的未必就是天賦的。因為只要含有互相排斥的觀念的命題都必被立刻同意，例如「白非黑」、「方非圓」、「苦非甜」等等。那麼，天賦命題就太多了。⑲在這裡可以看到洛克以為只有最概括、最抽象的命題才能是天賦命題，亦即第一原理才能是天賦原理，所以矛盾律可以被主張當天賦原理，「白非黑」卻不可。

303.較概括的、較抽象的命題，後於較特殊的、較具體的命題被人了解、接受、同意。既然它們後於某些命題，就可證明它們不是天賦的，因為天賦的是最初的。⑳

303.如果天賦論者辯說「被立即同意」之可以證明一個命題為天賦的是由於「被立即同意」的是「自明的」，則洛克答說，「自明的」之「被立即同意」並非由於天賦，而是由於事物的本性使人無法作別的了解。㉑

304.以立即同意一個命題來證明這命題是天賦的則是假設人沒學得任何新東西，可是這與事實不合。㉒洛克在這裡是指其假設人沒學得被他立即同意的命題中所含的字詞、字詞的意義，以及意義所指的觀念。這顯然與事實不符，因為如未事先學知這些，則無從了解一命題，遑論同意了。

305.其實，人所以能「立即」同意是由於從該命題中的字詞容易得到其所指的觀念之故。㉓也即是，「立即」同意其實來自物

⑲　見 Essay One, Ⅰ, 18。

⑳　見 Essay One, Ⅰ, 19。

㉑　見 Essay One, Ⅰ, 21 及 18。

㉒　見 Essay One, Ⅰ, 23。

㉓　見 Essay One, Ⅰ, 23。

性，❷不是來自天賦。

306.洛克認為所謂天賦原理事實上另有產生的途徑：先由感官得到觀念，儲存在記憶中並給它們名稱，然後又將觀念抽象，漸漸會運用概括名詞，進而能運用推論能力。可是觀念之是否相契或差異，卻是先於理性（指推論能力）之被運用就被人心發現的。❷這裡蘊含著洛克沒有提到的很重要的一點。

4.第三個事實是，天賦原理本在於心，但需待理性之運用才能發現與確知。❷也可以說是在理性運用以前，人只是含蓄的知道它們。❷

401.洛克駁斥說，它們如果本在於心，那麼應該早就被知，否則什麼叫做本在於心呢？❷也不能說是心只含蓄的知道它們，因為如此一來，那許多需要解證才被同意的數學命題都是天賦的了。❷

5.洛克認為天賦論者提出來做為理由的第四個事實是，較不概括的命題，例如「二加二等於四」、「紅非藍」，不是天賦的原理，所以概括的命題，像「同一物不能是又不是」是天賦的。❸

501.這個推論錯誤，因為由 $\sim p \supset \sim q$，不能得 $p \supset q$。❸

---

❷ 見 Essay One, Ⅰ, 16。

❷ 見 Essay One, Ⅰ, 15。

❷ 見 Essay One, Ⅰ, 7。

❷ 見 Essay One, Ⅰ, 22。

❷ 見 Essay One, Ⅰ, 21。

❷ 見 Essay One, Ⅰ, 22。

❸ 見 Essay One, Ⅰ, 20。

❸ 見 Essay One, Ⅰ, 20。按，洛克原文在提出「二加二等於四」、「紅非藍」以後只說它們不是概括的，即又說道「立即同意」之證明一命題為天賦的那個論證上去。這個論證是我補述出來的。

20.30.1.㉜對於以「普遍同意」與「立即同意」證明一命題之為天賦的，洛克還有直截了當的答覆，即，既為天賦的則根本不必經過同意。如需經過同意，正是反證其非天賦，因為這表示在未經同意之時，人還不知道這個命題，不知即未被印入。㉝要「聽到它」、「想到它」才有所謂「同意它」，而這就證明本來是不知道它了。㉞

20.30.40.1.不但不必經過「同意」，而且根本不必經過「認知」，因為已經是「既知的」了。㉟

20.30.40.2.根本不必有待於「理性的運用」或「推論」。㊱否則，不等於是眼睛看到東西，還要等待運用理性才能「看到」嗎？㊲

20.30.40.3.其實，更徹底的反駁是，根本不必經過能力的運用。㊳如果需待能力，則不是天賦的命題，是的話，則數學命題也是天賦的了。㊴

20.30.40.31.所以也不能由「有天賦的能力」而證明「有天賦的認識」，㊵不要以為「知底能力就是所爭執的那個自然的印象」，㊶。

6.最後，洛克下結論說，既然第一原則不是天賦的，別的思辨

㉜　即對第 2 條與第 3 條的反駁，餘倣此。

㉝　見 Essay One, Ⅰ, 21。

㉞　見 Essay One, Ⅰ, 24。

㉟　見 Essay One, Ⅰ, 5。

㊱　見 Essay One, Ⅰ, 10。

㊲　見 Essay One, Ⅰ, 9。

㊳　見 Essay One, Ⅰ, 9 及 10。

㊴　見 Essay One, Ⅰ, 5。

㊵　見 Essay One, Ⅰ, 5。

㊶　見 Essay One, Ⅰ, 5。

公理也不是了。❷

二、洛克之評擊天賦實踐原理之存在

在第二章，洛克又評擊天賦實踐原理之存在，以下述其要旨。

7.洛克以為天賦論者認為有天賦實踐原理存於人心。❸

701.但是洛克認為沒有。❹

7011.因為他們舉不出來，他們並不能很容易的分別出天賦的真理與演繹的真理。❺如果有天賦原則，他在本章第一節就說，那一定是很明顯的，不致如此。

7012. 不但如此，大部分人在自身以內並沒看到任何天賦原則，他們只看到人是一部機器，沒有自由。因此他們不但取消了天賦原則，而且取消了一切道德原則。❻——這二條就是說不論天賦論者或是其他的多數人都不知道有天賦實踐原理的存在。

7013.而且，有的道德原則，像「為父母的，你們要保育自己的兒女」，不但不是天賦的真理，而且根本就不是真理，只是一個命令。❼

7014.如果把這原則改為「保育兒女乃是父母的職責」，則為了要了解職責的意義，必得假設上帝、法律、義務、刑罰、來世等等觀念都是天賦的。可是它們都不是，所以這原則不是天賦的。❽

---

❷　見 Essay One, Ⅰ, 28。

❸　見 Essay One, Ⅱ, 1 及 14 等。

❹　見 Essay One, Ⅱ, 14。

❺　見 Essay One, Ⅱ, 14。

❻　見 Essay One , Ⅱ, 14。

❼　見 Essay One, Ⅱ, 12。

❽　見 Essay One, Ⅱ, 12。

7015. 人在接受道德原則的時候有遲疑的樣子，❹甚至並不接受，❺如果道德原則是天賦的就不會有這種情形。

8. 但是天賦論者仍舊可以用人們普遍同意某些實踐原理而證明它們是天賦的。❺

801. 洛克指出事實上並無這種實踐原理。實踐原理因為人的國籍、教育、性情而不同甚至對立。❺並且有認謬見為道德原則的。❺

9. 同樣的，天賦論者也可以用人們立即同意某些實踐原理而證明它們是天賦的。❺

901. 可是，不像思辨原理之有為自明的，任何道德原則一提出以後，人們都可以合理的請問一個所以然的理由，例如對於「以己所欲於人者施於人」，或「人不可食言」這二個原則。所以並無「立即同意」，而是「需要證明」。❺

902. 人在接受道德原則的時候事實上是有些遲疑的。❺

10. 針對 7015 條，天賦論者可以辯說，「人們雖然在實踐上否認這些原則，可是他們在思想中卻承認這些原則」。❺

1001. ❺可是洛克說天賦於心中的必形諸外，所以在實踐上否認

---

❹　見 Essay One, II, 1。

❺　見 Essay One, II, 2。

❺　見 Essay One, II, 1, 2, 3, 6, 7, 10 及 11。

❺　見 Essay One, II, 21, 10及 27。

❺　見 Essay One, II, 12 及 26。

❺　見 Essay One, II, 4 及 5。

❺　見 Essay One, II, 4 及 5。

❺　見 Essay One, II, 1。

❺　見 Essay One, II, 3。

❺　即對「10」條的辯駁。

這些原則即表示這些原則不是天賦的。❺❾

11.天賦論者也可以辯說，不是沒有天賦的道德原則，而是被破壞了，但是「破壞規則並不能證明人們不知道規則」。❻⓪

1101.洛克承認引號中的這句話，❻❶不過「任何實踐的規則如果在任何地方普遍的被人破壞，而且在破壞時又得了大眾的允許，我們便不能說它是天賦的」，❻❷事實上正是有這種情形。❻❸

12.天賦論者還可以辯稱天賦道德原則本來是有的，可是被教育和習慣以及別人的意見所污染了，因此從人們心中完全掃蕩出去。❻❹

1201. 兒童是未被污染的，在他們身上也看不到天賦道德原則，可見沒有。❻❺

1202.這個說法還有一個惡果，即任何私人的信仰或宗派的信仰都可以視為人類普遍的信仰。因為人會說，本來是普遍的，可是別人被污染了。❻❻

13.良心的存在，表示道德原則已印在人心上，這也是天賦論者可用來辯護的。❻❼

1301.但洛克說：「良心並不是別的，只是自己對自己的行為的

---

❺❾ 見 Essay One, II, 3 及 7。

❻⓪ 見 Essay One, II, 12。

❻❶ 見 Essay One, II, 12。

❻❷ 見 Essay One, II, 13。

❻❸ 見 Essay One, II, 12。

❻❹ 見 Essay One, II, 20。

❻❺ 見 Essay One, II, 20。

❻❻ 見 Essay One, II, 20。

❻❼ 見 Essay One, II, 8。

德性或墮落所抱的一種意見或判斷」,良心是受人的信念的刺激的,而信念卻是後天逐漸形成的,非由天賦。⑱如係天賦,為什麼有的人幹下滔天暴行,犯了滅倫大罪,卻能泰然自若呢? ⑲

14.赫伯特勳爵(Lord Herbert)提出公共意念的六個標記:一、先在性;二、獨立性;三、遍在性;四、確定性;五、必然性;六、直接的被同意。又提出五條天賦實踐原理來:一、世上有最高的元宰;二、這個元宰是必須受尊敬的;三、能實行德性和虔誠,就算完成了上帝的教儀;四、我們必須由罪惡之途返回光明之域;五、在經營完此生以後,我們一定會受賞或受罰。⑳ —— 這也就是說,有人提出天賦實踐原理和它們的標記來了。

1401.洛克承認這些都是真理,而且有理性的人都會同意。㉑但是它們仍舊不是天賦的。因為第一,按照那六個標記,天賦實踐原理會有很多很多;㉒第二,這五條原理並不是都具有那六個標記;㉓第三,這些原理不見得實用,因為像「德性是對上帝最好的禮拜」和「人一定要悔改他們的罪惡」這二條有待於「德」與「罪」這二字的意義的確定,可是事實上卻是很不確定的。㉔

15.洛克主張我們應該分別「天賦的」和「自然的」,不要把自然發生的誤為天賦存在的。以法律為譬,「在天賦法和自然法之間,有很大的差異:一種是原始印在人心上的;一種是我們初不知道,

⑱　見 Essay One, II, 8。
⑲　見 Essay One, II, 9。
⑳　見 Essay One, II, 15。
㉑　見 Essay One, II, 15。
㉒　見 Essay One, II, 16。
㉓　見 Essay One, II, 17。
㉔　見 Essay One, II, 18及19。

後來漸次應用我們的自然能力才知道的。」❼又說：「如果人們真能看到，自己心上印有天賦的命題，他們一定很容易把這些命題同後來所學的以及由此所演繹的真理，分別清楚。」❼這裡就見到他分別天賦的與自然的命題。

16.洛克又認為「天賦的」並無免除被考察的特權，人應該要求它們的標記，加以試驗，看看它們是不是「天賦的」。❼

17.洛克指出他所認為的實際上產生實踐原理的程序。是經過教導的，接受權威的、漸進的、養成的，另一面是經過理解與證實才出現與得到信念的。❼至於它們之得到普遍贊同，則是由於實利，❼因為人的生活總得有原則，❽而自己的原則能與習俗一致是有利的。❽可是由於是漸進的、受習俗影響的、自小養成的、人們反以為是天賦的了。❽

三、洛克對天賦認識的其他爭論

18.洛克認為天賦論者有如下主張。

181.新生兒童有觀念，❽而且是天賦的。❽

---

❼　見 Essay One, II, 13。

❼　見 Essay One, II, 14。

❼　見 Essay One, II, 27。

❼　見 Essay One, II, 22。

❼　見 Essay One, II, 6。

❽　見 Essay One, II, 24。

❽　見 Essay One, II, 25。

❽　見 Essay One, II, 23。

❽　見 Essay One, III, 2。

❽　見 Essay One , III, 2。

18101.新生兒童並無確定的觀念。他們在胎中對饑餓、乾渴、暖熱、痛苦的觀念是微弱的。❽確定的觀念都沒有，更不用說「能與概括命題中的名詞相稱的那些觀念」、「能與天賦原則中的名詞相稱的那些觀念」。❻

18102.他們是由經驗逐漸得到心中的觀念的。❼

182.「同一物不可能是又不是」是天賦原理。❽

18201.可是「不可能」與「同一」不是天賦的觀念，因為它們是後於「黑」、「白」、「甜」、「苦」等觀念被得到的，❾這原理也不是天賦的，因為這原理是由這二觀念及其他組成的。❿

18202.這原理是概括的，兒童先知道特殊的命題，像「母親不是生人」，才知道它。⓫

18203.「同一性」這觀念是不很確定、不很清晰的，這可以從人格同一性的問題看到，所以不配稱為天賦的觀念。⓬

183.「全體大於部分」是天賦原則。⓭

18301.要有「全體」和「部分」這二個相對的觀念，應先有「廣表」和「數目」這二個觀念，但這二個不是天賦的，所以它們也不

---

❽　見 Essay One, III, 2。

❻　見 Essay One, III, 2。

❼　見 Essay One, III, 2。

❽　見 Essay One, III, 3。

❾　見 Essay One, III, 3。

❿　見 Essay One, III, 1。

⓫　見 Essay One, III, 3。

⓬　見 Essay One, III, 4 及 5。

⓭　見 Essay One, III, 6。

是天賦的，所以這原則也不會是。❾④

184.「上帝是應該禮拜的」是天賦實踐原則。❾⑤

18401.可是兒童不知道「禮拜上帝」作何解釋，也不知道自己的責任，換言之，「禮拜」、「上帝」、「應該」都不是天賦觀念，這原則也跟著不是了。❾⑥

185.「上帝」的觀念是天賦的，因為它是天賦的，道德原則才能有天賦的。猶如有立法的觀念才有法律的觀念。❾⑦

18501.可是有的國家，整國都沒有上帝的觀念，所以在事實上，它非天賦觀念。❾⑧而且縱使有觀念也並不即等於有天賦觀念。❾⑨

18502.上帝的觀念是理性的能力演繹出來的，換言之，它不必是天賦的。⓿

18503.也不能由上帝這觀念之被廣泛接受而證明它是天賦的。因為這是由於人類的理性是一樣的緣故，所以只要有一個人的理性先發明上帝的觀念，就會傳得很廣很遠。⓫反過來說，如果可以如此證明的話，那麼「火」這觀念也是天賦的了，因為它也是被廣泛承認的。⓬

18504.不能由上帝的善意而證明上帝一定把他自己的標記和觀

---

❾④　見 Essay One, III, 6。

❾⑤　見 Essay One, III, 7。

❾⑥　見 Essay One, III, 7。

❾⑦　見 Essay One, III, 8。

❾⑧　見 Essay One, III, 8。

❾⑨　見 Essay One, III, 9。

⓿　見 Essay One, III, 9 及 16。

⓫　見 Essay One, III, 10。

⓬　見 Essay One, III, 11。

念印在人心上，因為如果可以這樣論證的話，那就可以證明很多事，甚至可以證明每個人的意志和情慾都是好的，每個人都是公正的，這顯然不合事實。反過來說，上帝並不因為沒做這些事而減少他的善意。⑩

18505.兒童心中最初並無上帝這觀念，可見不是天賦的。⑩

18506.上帝這觀念含有統一、無限和永生等，可是同一國土中，人對上帝的觀念就十分差異，甚至相反，甚至會有上帝所不應有的，可見人們並無真正的上帝觀念，但天賦的不會是不真正的。⑩也許聰明人有真正的上帝觀念，可是他們為數不多，而使上帝的真觀念是不普遍的，因之不是天賦。其次，聰明人是由思想而得這觀念，不是由於天賦。並非聰明人所有的即是天賦的，否則德性也是天賦的了。⑩

18507.不能由上帝的觀念普遍被（有理性的動物）同意來證明它是天賦的，因為被普遍同意的觀念也有不是天賦的。⑩

1801.連人最關心的觀念，上帝，都不是天賦的，別的觀念更不是了。⑩換言之，完全沒有天賦觀念。

186.實體的觀念是天賦的。⑩

18601.我們並未對「實體」有清晰的觀念，所以它不是天賦

---

⑩　見 Essay One, III, 12。

⑩　見 Essay One, III, 13。

⑩　見 Essay One, III, 14. 15, 及 16。

⑩　見 Essay One, III, 15。

⑩　見 Essay One, III, 16。

⑩　見 Essay One, III, 17。

⑩　見 Essay One, III, 18。

的。⑩ ——（但是它也不是由經驗而得的，因為它不能藉感覺或反省獲得。）⑪

19.洛克提出一些鑑別有無天賦認識、是否天賦認識的方法。

191.形成命題的各觀念是天賦的，命題才能是天賦的。——但是，一有這些觀念就馬上會同意一命題，並不能證明這些觀念是天賦的。因為是否能同意一個命題取決於是否明白形成它的觀念，而不在於這些觀念是否天賦。⑫

192.所謂一個觀念在記憶中，是指它以前在心中存在過，而可以沒有外面的印象而再生，再生的時候知道它以前在心中存在過這一點。因此可以用鑑別「是否在記憶中」來鑑別一個觀念「是否天賦」。⑬

193.形成一命題之觀念如果是清晰的，那命題才能有用。而天賦觀念必是清晰的，所以一個命題如果無用，便不是天賦的。⑭

194.「概括的」後於「特殊的」出現，所以一個觀念或命題如果是概括的，就不是天賦的。⑮

21.⑯洛克又說明一命題是如何被同意、如何被以為是天賦的。

211.有些命題是要藉一串有秩序的觀念、適當的比較，和精細的演繹，才能被人發現其真理。所以不會易於被認為是天賦的。⑰

---

⑩　見 Essay One, III, 18。

⑪　見 Essay One, III, 18。

⑫　見 Essay One, III, 19。

⑬　見 Essay One, III, 20。

⑭　見 Essay One, III, 21 及 18。

⑮　見 Essay One, III, 3。

⑯　不用 "20" 來編號。

⑰　見 Essay one, III, 22。

212.有些命題是在人心把觀念組成它以後,立刻被發現其真理,而且這些觀念又是急切的出現在心上,因此容易被認為是天賦的。⑱

213.還有一些命題是在它一經形成（由觀念形成）以後,便被不加考察而接受,因此也被誤認為是天賦的。⑲

第二節　洛克論旨的分析與研究

有一位學者說洛克這書的第一卷寫得不好,冗長且輕重倒置,⑳的確,整理起來是相當費事的。不過所花的力氣也不至於虛耗。因為像以上這樣逐一列舉,可以使我們清楚的、而且明確的知道洛克到底說了些什麼。

第一,洛克認為天賦認識,如其有之,應該是怎樣的:

1.特別明瞭、清晰、有強大活力。亦即有其標記（見1012條）。

2.是已經被知的,而不是立即被知（見2011條）。不必由外印入。

3.而且不止是含蓄的被知（見401條）。

4.在兒童身（心）上可以看到（見1012條）。

5.我們知道它,不必經過能力（見1011, 2030403條）,不必經過同意或接受（見20301條）,不必去認識（見2030401條）,不必有所待（例如待理性之被運用）（見401, 2030402條）,沒有認識的過程（見3條）。

---

⑱　見 Essay one, III, 22。

⑲　見 Essay One, III, 22。

⑳　見 Aaron, *John Locke*, p.94。

6. 不是天然的（見 15 條）。

7. 不是神秘的（見 16 條）。

8. 最先出現於心上的（見 302 條）。

第二，洛克認為天賦觀念應該是怎樣的，除了「第一」所列者以外。是確定的，不是微弱的（見 18101 條）。

第三，洛克認為天賦知識應該是怎樣的，除了「第一」所列的以外：

1. 要是知識（例如，不是命令）（見 7013 條），也就是要有真假可言，❿也就是要有所指謂。

2. 要能實用（見 1401, 193 條），也就是要能讓有這知識的人能夠去使用這知識。（與「實利」有別）

3. 是最先的，要先於特殊命題而被知（見 18202 條）。

4. 是最概括的、最抽象的，是第一原理（見 5, 302 條）。

5. 不能是概括的，否則是後於特殊的，而非最先的（見 194 條）。

6. 後於天賦觀念的（見 18201 條）。

7. 能立即被知的、普遍被知的（見 17 條）。

8. 形成它的觀念是天賦的（見 7014, 18201, 18301, 18401 條）。

9. 它們的數目是不至於很多的（見 1401 條）。

10. 人接受它們的時候是不會遲疑的（見 7015 條）。

11. 人之接受它們是不必要求理由的（見 901 條）。

12. 人之接受它們是不必要求證明的（見 901 條）。

13. 是不必經由良心才發現或反應出來的（見 1301 條）。

14. 必形諸外（見 1001 條）。

15. 不會被破壞（見 1101 條）。

---

❿ 見 Essay One, II, 12。

16.不會被污染（見 1201 條）。

第四，洛克所指的天賦認識是什麼東西：

是已經印在心上的成品，當人一有心的時候。不是印在心上的性向(disposition)，也不是能力。

第五，洛克認為那些證明（證明認識是天賦的）是無效的：

洛克的總原則是：不具備天賦認識所應該有的，則不是天賦的；但具備天賦認識所應該有的，未必是天賦的。

所以，下列證明是無效的：

1.即使證明了有該一觀念（見 18501 條）。

2.即使證明其被普遍同意（見 18503 條）。

3.即使證明其被立即同意（見 301, 302 條）。

4.即使證明其為自明（見 304 條）。

5.即使證明其為概括的（見 501 條）。

6.即使證明人有天賦能力（見 20304031 條）。

第六，洛克認為怎樣證明才是有效的：

證明兒童是否一生下來就有記憶，而且所記憶者是具備天賦認識所應該有的。

第七，洛克作這爭論的目的何在：

在證明心上本來無任何認識成品，以便由此開始正面建立起他的認識論。

時人 Grenville Wall 說洛克之攻擊天賦認識未能揮出很有力的一擊，是叫人奇怪的。這一擊是：天賦原理，即使有之，頂多也只是天賦信念而已，談不上是知識。他說，洛克只是就心理的、發生的(psycho-genetic)方面去攻擊天賦說，而未能就認識論方面去做。⓰

⓰ 見 "Locke's Attack on Innate Knowledge" 一文，原載 *Philosophy*, 49

其實，洛克之目的在爭論天賦認識之「有或無」， 提到心理的、發生的方面已經夠了。而且他也曾注意到天賦認識的真假（見1012,1401,193 條）， 只是他是將這作為天賦認識的「標記」，而檢查這標記的「有或無」，這對於洛克並非「題外的事」（Wall認為洛克之論「有或無」這事實問題，是 "beside the point"，❷另一方面，洛克要求天賦認識應為知識（見 7013, 121 條），而天賦認識是否知識，他仍是只需注意事實問題，他以上帝不我欺，也已經夠了。

Noam Chomsky自學習語言這件事而主張心不止是白版以接受來自外面的材料，而是儲藏著複雜原理 (complex principles)、圖式 (schematisms) 或架構 (structures)──一個是天賦的且普遍的語法。依照這語法心組織接收來的材料而能御用他所學習的自然語言。這個說法似乎成為「『 天賦的』之爭」的新題材，不過洛克所爭的是天賦的「認識品」❷之有無，現在所問的卻是天賦的圖式之有無，論點已經轉移，這是I. C. Tipton 和 Jonathan Barnes 也曾見到的。❷

順著這條路線，John Harris 認為 Chomsky 比洛克進一步，因為他以「很專門的性向」(extremely specific dispositions) 取代了洛克的「很普通的天然的能力」(the very natural general capacities)。❷當然，天賦認識之取得是否需要專門的能力或性向是一個論題，可是洛克認為既為天賦則根本不需能力去取得（見 1011, 2030403

(1974), pp.414〜419。

❷　同❷。

❷　指「認識的成品」，是由「認識的動作」得到的。這是我所用的詞。

❷　見I. C. Tipton, (ed.), *Locke on Human Understanding*, p.18。

❷　見 "Leibniz and Locke on Innate Ideas" 一文，原載 *Ratio*, 16 (1974), pp.226〜242。

條)，所以對於是否要特殊的專門的性向當然是不必去說了。

　　Stephen P. Stich則曾致力於界定何謂「有了天賦認識」。他的策略是自分析「天賦疾病」這觀念(innate disease)開始。他問自何時起算，當我們說一個人有天賦疾病。首先，說一個人有病，是自潛伏期起算，還是自病徵出現起算？其次，如果在病徵出現以前，病因已被治好，又將如何？再次，有的人吃某一東西會中毒，有的人卻不會，這又如何？所以這兒有「性向的與條件的」(dispositional 與 conditional) 之別，又有「天賦與感受」(innateness 與 susceptibility) 之別。這樣的分析自然是迎合時尚。可是洛克所關心的是天賦認識之有無，是「成品」之有無。根本無此「成品」，又何必談到「成因」。Stich所顯示的仍是論點的轉移。不過「天賦成因」之有無應是一個開放的論題，但是這並非洛克必須討論的，雖然他也可以討論。

第三節　批評與建議

　　洛克之攻擊天賦認識，在我看來，似乎對他自己是成功的，因為他好像已經使天賦認識在理論上和事實上都成為不可能的事。

　　天賦認識必須是概括的（見 5, 302 條）；又必須不是概括的，因為它要先於特殊命題而被知（見 18202 條），而「概括的」後於「特殊的」而出現（見 194 條）。──所以天賦認識是理論的不可能。（如天賦，則可既為概括又先於特殊的，因為「天賦認識」是被印植的，不是由人自去求得的。所以就天賦論者看，也許尚無理論的不可能。）

　　生命一經開始就必須有所記憶，這恐怕難為事實。縱使有之，

還必須具備天賦認識所應有的各點，所以更難有這等事。今日科技，也許能查明它。記憶會不會只儲存而必待有機會才出現呢？這倒是可以提出的問題。不過，我想，天賦認識，如其有之，必與非天賦認識發生關係，所以可從這關係探測天賦認識之是否存在於一個人的記憶中。其次，我們可訴諸多數，而求取近似的答案，如果我們經由實地查驗而發現多數人有天賦記憶且出現，那麼我們就可以說多數人有天賦認識，反之亦然。

這件事雖然成功，但是到此為止，還只能說他是「正面成功」而已。因為我們還得看看洛克所自認為從經驗來的認識，是不是真的從經驗來？

洛克用詞，在《人類認知論》一書，相當混亂，本篇不能做處理它們的工作。現在只簡捷了當的指出：1.一個認識，不是天賦的，就是經驗的；2.不來自外界的仍舊可以是經驗的；3.所以「天賦的」與「經驗的」的區別在於，一生下來是不是「就已經有了」，這一點上。這裡蘊涵著一個意見，即「人自己想出來的」可以是「經驗的」，雖然它不是來自外界。可是這並未排斥「人自己想出來的」可以是「天賦的」，因為天賦認識儲存在記憶裡，它的出現，嚴格說是「人想起來」，可是就動作言，「想起來」和「想出來」是同一件事，當所記憶者並非「過去的經驗」而是「過去的被印植」的時候。

洛克之建立他的認識論，消極方面的工作是否認天賦認識，積極方面的工作是指出一切認識都來自經驗。他所謂「來自經驗」的認識很多是「人自己想出來的」。可是他並沒想到「人自己想出來的」也可以是天賦的，所以他也不曾去區別。其後果自然使他的消極和積極二面工作都不見得已經成功。──當然，洛克認為先要有

「由感覺而來的簡單觀念」才能夠有「人自己想出來的」，所以「人自己想出來的」不會是天賦的。可是如果「想出來」和「想起來」是同一件事，那麼，「被想起來的」可以是天賦的；「由感覺而來的簡單觀念」只是它「被想起來」的機緣。（不過，如果按本章第二節之第一到第六點，則不會是天賦的了。）

以下引述一些「人自己想出來的認識」。

1.「美」這觀念是由「形相」、「顏色」，及由此所引起的觀者的快樂組合而來。❿而「美」並非三者之任一，亦非既是「形相」，又是「顏色」，又既是「觀者的快樂」。所以是「人自己想出來的」。同樣的，「一打」、「二十」，亦然。❿因為「一打」並非十二個中的任何一個，或既是這個、又是那個、又是……。

2.對於幾個觀念的一個挨著一個在我們心中出現（這件事）之反省，提供我們「繼續」(succession)的觀念。而二個繼續的觀念間的距離，叫「綿延」。❿所以「繼續」是人想出來的觀念，因為它不是相挨著的觀念的任一個，也不是既為這個又為那個。「綿延」並非距離兩端的任一觀念，亦非「距離」和「兩端的觀念」。

3.有了「綿延」這觀念以後，心又有了「度量」(measure)和「段落」(epoch)的觀念，於是又有了「時間」這觀念，❿──依同理，這三個觀念也都是人想出來的。

4.「因」和「果」也是人想出來的觀念。「在我們的感官注意到變動不居的各種事物時，我們常常觀察到有一些特殊的性質和體

---

❿ 見 Essay Two, XII, 5。

❿ 見 Essay Two, XII, 5。

❿ 見 Essay Two, XIV, 3。

❿ 見 Essay Two, XIV, 17。

開始存在起來，而且它們的存在是由別的事物的適當的作用所引起的。因為有這種觀察，我們便得到因果的觀念。能產生任何簡單觀念或複雜觀念的那種東西，我們概括的指它為原因，至於所產生的，則叫做結果。」❸ 例如，火是灰的原因，灰是火的結果。但「火」跟「原因」是二個不同的觀念，所以「原因」這觀念是人想出來的。「結果」這觀念亦然。

5. 「固體性」(solidity) 是人想出來的觀念，因為它既不是「甲物之不離開原位」，也不是「乙物在進入它的地位時所受到的阻力」。❸

6. 「我們如果把一種東西之在某一時地和在另一時地加以比較，就形成同一性(identity)和差異性(diversity)的觀念。」❸ 這二個觀念既非一物在某一時地，也非該物之在另一時地，也非所述的「比較」，所以是人心想出來的。

以上舉了六個例子。還有其他的例子，但是由於缺乏直截了當的原文可資引述，暫且不舉。

洛克說：「我們如果假定人心如白紙似的，沒有一切標記，沒有一切觀念，則它如何會又有了那些觀念呢？人的匆促而無限的想像(fancy)既然能在人心上刻畫出幾乎無限的花樣來，則人心究竟如何能得到它們呢？他在理性和知識方面所有的一切材料，都是從那裡來的呢？我可以一句話答覆說，它們都是從經驗來的，我們的一切知識都是建立在經驗上的，而且最後是由經驗源導來的。」❸ 可見

---

❸　見 Essay Two, XXVI, 1。

❸　見 Essay Two, IV, 1 。

❸　見 Essay Two, XXVII, 1。

❸　見 Essay Two, I, 2。

他明白說一切知識來自經驗。不過，自經驗源導以後，有沒有「由心去想出知識」的情形呢? 請看他接著說，「我們之觀察所知道的和所反省的外面的可感物(sensible objects)，和內面的心理作用，是使我們的認知心(understanding) 能得到思想的一切材料者。這便是知識的兩種來源; 我們所已有的，或自然要有的各種觀念，都是發源於此的。」❽這兩種來源，下文明白說，是感覺和反省，感覺指外在感覺，而反省是內在感覺。❻所謂反省指「我們在運用認知力(understanding) 以考察它所獲得的那些觀念時，我們還知道到自己有各種心理作用。我們的心靈在反省這些心理作用，考究這些心理作用時，它們便供給認知心以另一套觀念，而且所供給的那些觀念是不能由外面得到的。屬於這一類的作用有知覺(perception)、思想(thinking)、懷疑(doubting)、信仰(believing)、推論(reasoning)、知曉(knowing)、意欲(willing)，以及人心的一切作用。」❼由「另一套」、「不能由外面得到」、「思想」等處看來，可見「經驗」包含「由心去想出來」。

從另一方面看，「觀念有的是簡單的 (simple)，有的是複雜的(complex)，❽而複雜觀念是由幾個簡單觀念構成的(made up of)。❾心靈在簡單觀念上頭的活動有三，第一是連結(combining)它們，第二是把二個簡單觀念帶在一起來看，但並未將它們連結為一(without uniting them into one)，第三是把它們從所有別的其他觀念

---

❺　同❹。

❻　見 Essay Two, Ⅰ, 3 及 4。

❼　見 Essay Two, Ⅰ, 4。

❽　見 Essay Two, Ⅱ, 1。

❾　見 Essay Two, ⅩⅡ, 1。

分開來」。⑭這好像表示認知力在這個活動上只是分與合簡單觀念，並沒「去想出來」這回事。洛克又有一句話說：「複雜觀念不論如何分合」，⑭更見複雜觀念只是分合簡單觀念而得，並無另由心想出來的觀念。在說到複雜觀念的一種模態(mode)的時候，說模態有簡單的(simple mode)和混雜的(mixed mode)二種，前者來自同類的簡單觀念的連結，如「一打」、「二十」(score)；後者來自不同類的簡單觀念的連結，如「美」來自「色」、「形相」與「所引起的愉悅」連結而成。⑭仍舊只有連結這一個活動。又曾說，像「軍隊」是「集合觀念」(collective idea)，是幾個「體」放在一起，而就像一個「體」一樣。⑭還說過，複雜觀念由簡單觀念合成，而人心視之為一個整個的東西 (as one entire thing) 而且以一名示之 (and signified by one name)。⑭所以只見合成與命名而已，並無「想出另一個觀念」這回事。

　　話儘管這麼說，其實不見得這樣。上引的 "score"，中文就沒得翻譯，如果 score 就是二十個簡單觀念，同類的「一」的連合，那麼，譯為「二十」就是了，可是，是這樣嗎？如果是這樣，score和 twenty 是不是一樣呢？可見 score 是另一個觀念，並不是幾個觀念的連結而得到一個名字而已，既然如此的不是，那只有是「想出來」的了。而且洛克不說「取」名 (denominate)，卻說 signified，也同意表示連結以後便另有意在了。

---

⑭　見 Essay Two, XII, 2。

⑭　見 Essay Two, XII, 3。

⑭　見 Essay Two, XII, 5。

⑭　見 Essay Two, XII, 6。

⑭　見 Essay Two, XII, 1。

　　當然，洛克是不得不如此說（說，只有連結），否則自毀立場。其實，這表示他誤認「想出來的」即「心上已有的」，亦即「天賦的」。 他不明明說心的活動有 thinking 這項嗎？何必這麼怕呢？不過說他「誤認」，說他「怕」，也是說得太過了。事實上他是因為沒把事情弄清楚才這麼說，他因為沒弄清楚以致真的認為只有「連結」。所以他說複雜觀念可以還原為簡單觀念。例如「我們的一切複雜觀念，雖然其直接的組成分子也許也是複雜的觀念，可是歸根究底，它們都可以還原於簡單觀念，因為它們畢竟是由簡單觀念所組成的。」❺我想，這可能是他搞錯了。他頂多只能說「可自複雜的觀念追蹤出產生它的簡單觀念，追蹤到以後，人又會從這些簡單觀念產生同一的複雜觀念」， 也許這正是他的真意。在同章同節他接下來舉例說明：「就如謊言一詞所代表的複雜情狀，就是由簡單觀念所製成的：⑴清晰的聲音；⑵說話者心中的一些觀念；⑶標記那些觀念的一些文字；⑷則是說，那些肯定的或否定的標記，是和說話者心中的觀念相反的。」其實，「說謊」並非這四者之任一，也非它們的總包含。四個一加起來等於四，但是四個「一」的觀念加起來並不是「四」的觀念，只是可以產生「四」的觀念而已。同理，「一」、「三」、「八」、「九」這四個觀念加起來並不是「二十一」這個觀念，只是可以產生它罷了。

　　他是沒弄清楚，可以從他之又有下引的話得到證明：

　　1.「概括」和「共相」(general and universal) 不屬於事物的實在的存在，而只是認知力(understanding)所做的一些發明和產物。❻

　　2.「模態」(mode)是心隨意造出的複雜觀念，而「關係」是由

　　❺　見 Essay Two, XXII, 9。

　　❻　見 Essay Three, III, 11。

考慮和比較二個東西而造出，因之也是我自己所造的觀念。❶

　　這是他明白說有的觀念是人心造出來的。也就是他既認為只有連結，又認為有心造出來的，所以是沒弄清楚。

　　可是，他又好像以為人心並未造出觀念。他說，「各種混雜的模態既是各簡單觀念所成功的迅速變化的集合體……」❶這表示洛克來回猶疑於人心有無想出新觀念之間。下文接說：「而且這些集合體只在人心中有短期的存在，而且它們也只在被人思想時才能存在，因此，那些混雜模態似乎只在其名稱方面，有恆常經久的存在，除此以外，再不能在別的地方，有那樣存在。」❶逡巡無奈之情躍然紙上。

　　原來他認為像「模態」或「關係」這種觀念⑴一方面既非個別的簡單觀念所有，⑵一方面卻是它們（諸個別的簡單觀念）聚集一起便會發生的，但是⑶這「發生」並不是「發生」在「它們」身上，而是人心看到的、看出來的。所以才有上面引用的一段話。

　　此外，有許多地方洛克把「人心之想出新的觀念」說成「命名」，上文就曾引到一次。可是，「每一個複雜的模態既是由許多獨立的簡單觀念組合，因此我們似乎可以合理的問說，它如何能得到統一性。而且正好這一群是怎樣剛好可以產生一個觀念；因為那種組合原來並不是常存在於自然中的？要答覆這個問題，我可以說，它是由於人心的動作而得到統一性。人心的動作把那些簡單觀念攏合在一起，把它們當作一個複合體。這個聯合(union)的標記是給予

❶　見 Essay Three, X, 33。

❶　見 Essay Two, XXII, 8。

❶　見 Essay Two, XXII, 8。

它的一個名稱，而且這個名稱正可以說是完成這聯合。」⑮因此「命名」其實只是「人心之想出一個觀念」的完成，那觀念還是由人心想出的。這點也可以由"So that whatever⋯hath thereby in our minds the relation of a cause, and so is denominated by us." ⑯見到。

這也是表示他在猶疑徘徊。請再看幾處（為避免怕失真，不譯為中文）：

1. But, in modes and relations, I cannot have ideas disagreeing to the existence of things: for modes being complex ideas, made by the mind at pleasure, and relation being but by way of considering or comparing two things together, and so also an idea of my own making, these ideas can scarce be found to disagree with anything existing; since they are *not* in the mind as the copies of things regularly made by nature, *nor* as properties inseparably flowing from the internal constitution or essence of any substance; but, as it were, *patterns* lodge in my memory, with names annexed to them, to denominate actions and relations by, *as* they come to exist. ⑰

2. ⋯and then he will be in a capacity to *know* the truth of these maxims, upon the *first* occasion that shall make him put *together* these ideas in his mind, and *observe* whether

---

⑮　見 Essay Two, XXII, 4。

⑯　見 Essay Two, XXVI, 1, 末句。

⑰　見 Essay Three, X, 33。

they agree or disagree, according as is *expressed in* those propositions. ⓾

　　我們可以看出洛克不但沒有想到「人心中造出來的」也可能是「天賦的」這點，而且是徘徊於「由人心想出來的」和「從物上頭看出來的」之間。而且，恐怕連他自己也沒曾料到，竟然會在他筆下冒出 "patterns lodge in my memory" 這些字來。

　　不過，「從物上頭看出來」和「由人心想出來」，恐怕都是對的。我們是先從事物上頭看到一些什麼，然後讓它獨立出來，然後又把它說出來。這「讓它獨立出來」便是「由人心想出來」，而這「由人心想出來」的工作一直到「把它說出來」才完成。例如我們看到一件殺人的事而且看到它和別的殺人的事有一點不同，讓這點不同獨立出來，再用語言說出它，這就是「弒」。但是我們看到殺老人和殺年輕人也有一些什麼不同在，不過我們並沒有讓它獨立出來。

　　可惜在洛克思考的時候，「弒」這個字已經出現好久了，以致他不免誤認這個字和它所代表的觀念都好像在事物上頭，然後讓人的感官去感覺它。這也使他的工作由本來是要「探討觀念的起源」而轉變為「解釋名詞」。

　　所以我想我們最好是替洛克修正，讓所謂「來自經驗」明白且正式的包含「由心想出來」這個活動。

　　當然，「由心想出來」涵蓋「被想到的是出生以後才開始第一次存在的」和「被想到的是在出生以前就印植在心版上的」二種。因為有二種所以洛克的經驗論立場就不很穩固了，對天賦認識的否定也由此有了漏洞。

⓾　見 Essay One，Ⅰ, 16。

「被想到的是出生以後才開始第一次存在的」又有二種，一是「先從物上看到然後再想出來」，二是「逕自從心中想出來」。在說到「自明真理」(self-evident truths)的時候，洛克說："not because it was innate, but because the consideration of *the nature of the things* contains *in* those words would not suffer him to think otherwise, how, or whensoever he is brought to reflect on them." ⑮屬於前一種。

嬰孩知道乳媽不是母親，是自物上看到一點什麼，到後來才想出這是「同一物不能是又不是」， 這也是屬於前者。如果他自己還沒想出來就聽到這句話，他可能便立刻同意，這因為他早已看到了。

但是，「體」(substance)這個觀念，在洛克，是屬於後者的，它只是人的假定，不是從物上看到的。他還說，它既不能由感覺，也不能由反省得到。⑮如此，觀念的來源以及經驗的範圍都應該擴大一些了。

經過這二次修正，或者說是補正，我想洛克的經驗論立場是守得住的，天賦認識也是可否定的，只是要使「想出來的」有「先看出來」這個條件。這，洛克是「看到」了的(只是似乎還未想出來)。他說：

> 就是那些廣大而抽象的觀念亦是由感覺和反省來的；他是人心在運用其普通的官能時，所得到或能得到的；而且人心在獲得這些觀念時，其官能亦是運用於由感官對象而來的那些觀念，或運用於人心對那些觀念而起的一些作用的。這一層

---

⑮　見 Essay One, Ⅰ, 21。

⑮　見 Essay One, Ⅲ, 9。

我將在時間觀念、空間觀念、無限觀念，和其他幾個似乎與此來源隔絕的觀念中，指示出來。**⑯**

不過，「先看出來而後再想出來的」，會不會是「先看出來而後再想起來的」？如果會，則這「想起來的」是否仍有可能是「天賦的」？這倒是一個問題了。當然，要是按照本章第二節第一到第六點，仍舊是不會的。所以總結說來，依洛克自己之見，他可以論證，在事實上，人沒有天賦認識，但是在理論上，他卻不見得做到。（這兒牽涉到一個方法上的問題，一個已在事實上被否定的事物，是否還需要從理論上去否定它？我想我們可以認為洛克自己是以為不必要的。而我們呢？我想，一方面可以同意他，一方面也可以提出來批評他。這批評是說他沒做這方面的工作。）

以上是我自己對洛克的一點批評和由此而來的建議。以下簡略引述 Robert Merrihew Adams 的批評，目的在希望我能再做一些建議。

在 "Where Do Our Ideas Come From? —Descartes vs Lock" 一文，**⑰**Adams指出否定或肯定天賦認識的另一條路線。我們看到，洛克訴諸事實，問有無天賦認識的成品。但是 Adams 卻要從亞里斯多德派的士林哲學說起。

Adams 認為亞里斯多德派也認為人心如白紙並無觀念（用 Aristotelian scholastic 的術語來說，就是沒有 the sensible and intelligible forms by virtue of which it perceives, imagings, and understands things）。這些形式(forms)先是從外界來到心上，而在

---

⑯　見 Essay Two, XII, 8。

⑰　見 Stephen P. Stich, (ed.), *Innate Ideas*, p.73, III（III即第三段）。

感官知覺中的 (in sense perception)。例如，人心由於有了它們而能
知道那看到的熱冷、軟硬，和顏色的 forms。(the forms by having
which the mind is aware of sensing heat and cold, softness and
hardness, and colors)，它們是感覺形式(the senible forms)。其次有
智性形式 (intelligible forms)，例如身體、蘋果、狗，存有 (being)，
從外來到心上，而在感覺形式裡(in the sensible forms)。這些智性形
式是由感覺形式抽離(abstracted)出來的。⑱

　但是這些形式怎麼樣到心上來呢? 這就像感染傳染病一樣。例
如對一個冷的物體加熱，那麼，熱(the form)就從有熱的物體傳到無
熱（沒有 the form）的物體去。這就像一個東西感染到別的一個東
西的性質一樣。這時需要中介，例如光就是視覺的中介，形式才能
傳遞。當這形式傳遞到感官的時候就告知感官，最終使心接受了這
形式。這裡，重要的一點是，同一個形式出現在被知的物、中介、
感官、和心上頭。⑲

　另一方面，心的操作(the mind's own operations)也有形式。不
過要在感覺(sensation)自外提供其他的形式進來，於是它開始操作
的時候，這形式才會出現，心才會知道。⑯

　這件事表示心自己要有跟對象相同的東西 (a likeness of the
object)，或者說得更準確些，有一個也在物上出現的形式。可是心
怎麼有這個形式呢? 這就需要解釋了。在亞里斯多德派，這形式來
自有這個形式的外物。這就是經驗論的立場。⑯

---

⑱　同⑰。

⑲　同⑰，p.73，I，II。

⑯　同⑰，p.73，IV。

⑯　同⑰，p.74，II。

　　而理性論呢，如何？在心上仍舊是要有這形式，就笛卡兒來說。但是這形式並不像在物上的形式。因為心上有的形式是感性觀念(sensory ideas)，例如色、聲、味、香、冷和熱、軟和硬，以及紋理等，所謂次性，它們只是物上的力(power)，物上有的形式是初性。這是第一點。其次，心上的形式也不在中介上頭出現，這是第二點。有了這二點，心上的形式便不是由外面進入的。那麼它何由而來？無它，只有天賦。❷

　　為什麼這形式也不在中介上頭出現呢？原來笛卡兒不取亞里斯多德派的傳染說，改取衝擊說。即由物上發出的力，經由神經的運動，傳到意識的位置（松果腺），這時，中介是運動，所以心上的形式不在那兒也出現。❸

　　到了洛克，他一方面復活亞里斯多德派，一方面也有所捨棄。並無天賦認識，一切觀念都來自感覺和反省，不是簡單的就是複合的，複合的來自簡單的。即使上帝這觀念也不是天賦的，而是複雜觀念。❹但是他並未主張一個既在物上又在心上出現的形式。只有一個引致觀念在心上發生的影響(an influence that causes the idea to occur in the mind)。❺物有初性，但是物的初性並未由物傳到心上，在心上出現的只是次性。至於次性是怎麼在心上出現的，他不去深究，不像亞里斯多德派有一個知覺理論(the theory of perception)。那麼心上的觀念既不來自外物，則從何而來？所謂經驗是吾人一切

---

❷　同❺，pp.75～76。

❸　同❺，pp.75～76。

❹　同❺，p.81, II, III。

❺　同❺，p.79，I。

觀念的來源將作何解？⑯

　　而且如果有人說他有天賦認識，洛克將怎麼回答呢？洛克之否定天賦認識既然完全訴諸事實，那麼只要有人提出一個反證，他就倒了。⑯

　　我想洛克是不相信會有這種事發生，不過這是缺乏理論依據的。雖然洛克認為天賦認識必須是既概括又不概括，因而導致理論的不可能，但這畢竟是他的主張而已。可是，反過來以形式的有無作為理論，也不見得仍有意義，因而這雖號稱理論，實質上恐怕只是一種信仰而已。感性觀念是否與外物相符，在理論上就已無法查驗，又怎能證明有那也出現在外物上頭的形式呢？再說，又為什麼要有形式在心上，心才能識物呢？所以洛克不要求它，又有什麼不可。

　　其實，在感性觀念方面，有形式與否，並無實質上的差別，也即，在人所得到的認識品上頭是沒有不同的。但是在智性觀念，也即洛克的由分別能力及其他作用(discerning, and other operations of the mind)而來的觀念，形式的有無，似乎對成品有別。

　　這方面的形式可以是由感染而來的，也即由事物感染到人心的；也可以是天賦的，也可以是天賦但時至始現的，這最後一個可能似乎就是當今企圖由語言學習這件事進軍的學者所懸為標的的。

　　在這方面，W. V. Quine 提到 innate-biases 是行為主義的基石。⑯不過這要先能證明這 biases 本身是 the organism 的 innate-structure 才有意義。M. Atherton 和 R. Schwartz 提到教黑猩猩學英

---

⑯　同⑯，pp.79～80。

⑯　同⑯，p.86。

⑯　見 W. V. Quine, *Linguistic and Philosophy* 一書，pp.95～98, New York, 1969。

文，以此作為實驗。⑯但是教黑猩猩學習一種語言與讓黑猩猩自己去發展出一種語言，是完全不同的二回事。前者對於探討動物在使用語言時有無內心的天賦架構有無試驗的價值，恐怕是有問題吧？而且這種實驗最後也極難施諸人類。因為要將一個嬰孩與世隔絕去觀察他，是很不人道的。

　　我想，還有一個可能，即：人在學習或發明語言的時候心中會出現一些形式或架構。這不蘊涵這形式或架構是天賦的，也不必預設人類有這方面的特殊性向(specific disposition)。這形式或架構毋寧是人想到的，或因為看到而想出來的。而且這應該是洛克所可以接受的。

---

⑯　見 "Linguistic Innateness and Its Evidence" 一文，原載 *The Journal of Philosophy*, LXXI, 6 (March 25, 1974)。

第七章　認識論 (二)：論觀念的形成

　　本章接著洛克對天賦認識的爭論繼續探討，內分二部分。第一部分論述洛克之論觀念的形成。第一節論觀念的順向形成。次分二條路線進行。第一路線論人心在開始知覺時才有觀念，第二路線論述各類觀念之如何形成。這節止於編號第 729 條。第二節論觀念的逆向形成。次分為原發的逆向形成與學習的逆向形成。前者屬編號第 81、82、83 諸條。在 82 諸條論述了抽象觀念及本質觀念的形成，在 83 諸條論述了字間觀念的形成。後者則屬編號第 9 諸條。

　　這第一部分敘述了觀念之如何經驗地形成。這敘述是置於作者整理洛克原著所得的路線與架構進行。其中提出觀念之形成底順逆二向、層遞論、字間觀念等也許是新的看法。對於一些論題，如，時間、抽象觀念、本質的論述可能有作者的一點領會。此外，這一部分將《認知論》卷三也涵蓋進去，使向來被認為是討論語言的，也呈現為討論觀念底形成的。

　　第二部分是檢討及其他。其第一節檢討洛克形成觀念這工作，其第二節提出「要素論題」以解決《認知論》一書題目繁多散漫這問題，並以之對當代研究《認知論》的著作作一般的批評。這一章從頭編號，與第一部分的不相連續。

第一部分 洛克論觀念的形成

00.❶論題的提出與論述路線

001.第一論題的提出

論題的原始面貌：「人人既然都意識到自己是在思想的，而且他在思想時，他的心是運用在心中那些觀念上的，因此，我們分明知道，人在心中一定有一些觀念，如『白、硬、甜、思、動、人、象、軍、醉』等等名詞所表示的，在這裡，我們第一就該問，他是如何得到這些觀念的?」❷如果觀念不是天賦的話。

論題改述：論觀念的順向形成。——由對象到觀念。

002.論述路線

原始路線：經由各人自己的觀察和經驗，指出認知力從何處得到一切觀念。即：這等觀念由如何途徑、如何等級進入人心。指出以後就可以看到一切觀念都來自經驗了。

整理後路線：

⑴從問觀念始於何時而指出觀念由經驗的而非天賦的途徑進入人心。

⑵由觀念組織之簡複開始將觀念分類，而得到在形成的途徑上的等級，由此見到一切觀念源自經驗。

---

❶ 00為首，表示是正文的說明，尚未進入正文。其所以用雙零，是因為單零在上章〈認識論（一）：天賦認識的爭論〉一文已用過，在那裡是表示對前文的辯駁。

❷ 見 Essay Two, Ⅰ, 1. (即 John Locke, *An Essay Concerning Human Understanding*, Book Two, Chapter One, Section One.)

003.第二論題的提出與論述路線

論題的原始面貌：了解清楚語言在指示和知識方面的功用和力量。即：名之指謂是什麼？種與類究竟是什麼，是如何形成的？ ❸

論題改述：論觀念之逆向形成。——由觀念到對象

論述路線：

(1)論觀念之原發的逆向形成。

(2)論觀念之學習的逆向形成。 ❹

004.觀念釋義

即然論觀念的形成，似乎應說明何謂觀念。Aaron 說，「洛克用觀念一詞有歧義，以致不可能給一個單一的定義。就一方面說，它是一個在心中的半物理的、剎那的存在。……」 ❺ 所以我想只能說到 001 條所引的句子，過此則非本章所能容納。不過我也許可以自加一句：「凡出現在頭腦，而非頭腦者（如腦細胞、腦血管之類），都是觀念。」當然這還不完全。因為有時它也曖昧地指謂那在物上的。

第一節　論觀念的順向形成

一、第一路線

1001.問：人心在何時才開始有觀念。 ❻

---

❸　見 Essay Three, Ⅰ, 6。

❹　見本章第 8003 條。

❺　見 Aaron, 106, Ⅱ. (即，見 R. I. Aaron, *John Locke, 3rd Edition*, p.106, par.2)

❻　見 Essay Two, Ⅰ, 9。

1.人在開始知覺時才有觀念，❼而這正可證明觀念是經驗地進入人心的，不是天賦於人心的。

11.說「人在開始知覺時才有觀念」，這意味著人心有不知覺、不思想的時候，要人心確有不知覺思想的時候，才能說「人心在開始知覺時才有觀念」。❽所以先要證明人心有不知覺不思想的時候。

111.首先，並無證據顯示心靈是恆常思想的。「心靈是恆常思想的」這個命題並不是自明的，需要證據，可是並無證據。反之，我們是沒見到人有恆常思想的這種永久思維力，也許上帝才能有之。❾而且，說「心靈不常思想」也無矛盾，❿可見它不是自明的。

112.其次，我們可以問，昨天晚上睡覺的時候我曾經通夜思想嗎？⓫從而提供一個「人心有不知覺思想的時候」的證據。

1121.現在假設有人說他是通夜在思想，只是他不能意識到自己在思想，那麼我們可以看看他有沒有感受到這思想的後果，如快樂或痛苦。要是連這也沒有，那就很顯然的是沒這回事了。因為要說一個人有快活而感覺不到那快樂，是不可能的。同樣的，在思想而不意識到在思想，也是不可能的。⓬而且，一個人如果不能意識到自己的思想，那他怎麼意識到「靈魂是恆常思想的」這個思想呢？⓭

11211.睡時思想而不意識到思想。只在假定思想的是靈魂，而意識到思想的是身體，而且靈魂能在一個人睡覺時脫離這人的身體

---

❼　見 Essay Two, Ⅰ, 9。

❽　參 Essay Two, Ⅰ, 9。

❾　見 Essay Two, Ⅰ, 10。

❿　參 Essay Two, Ⅰ, 18。

⓫　見 Essay Two, Ⅰ, 10。

⓬　見 Essay Two, Ⅰ, 11。

⓭　見 Essay Two, Ⅰ, 18。

單獨去思想，才可能。這無異同一個人的靈魂和身體分成二個人格。❹

1122.如果這人再辯說，他睡時思想，可是記不得了，這也是徒然。因為要說一點都不記得，那是難以想像的。除非是，思想的是靈魂，記憶的是身體，而靈魂離身體而去思想，以致在身體上未留記憶，這同樣成了雙重人格。而且這靈魂既然這樣好，能不必身體而思想，為什麼不能不必身體而記憶呢？⓯

1123.當然，洛克不致認為睡時完全沒有思想，他只是認為並非一直在思想。而且他認為睡時的思想即使是靈魂脫離身體而單獨為之，它思想時的觀念也是身體由感覺或反省來的。⓰

12.接著洛克提出正面的主張，即：心靈之從事知覺思想是有個開始的，並非有心靈即有知覺思想。他從二方面說，就事實言，母胎中的胎兒和植物的狀態是差不多的，它的大部分時間都是無知覺、無思想的。（按，現在的讀者也許會說這是胎兒的心靈尚未發達完全，不過他是將就靈魂與身體結合這種說法，⓱所以他可以說胎兒的狀態是靈魂尚未開始知覺思想。）就理由言，思想要有對象，母胎中，胎兒的感官無從接受觀念，所以不可能有思想。觀察一個兒童可以見到他的觀念漸漸增加，愈增加則愈能思想，⓲可為佐證。

⓮　見 Essay Two, Ⅰ, 12。

⓯　見 Essay Two, Ⅰ, 14, 15 及 19。又，洛克還提到思而不憶則思無用。但這跟論點無關。（見 Essay Two, Ⅰ, 15。）又說夢中思有被記住的，可是該思想不清晰。（見 Essay Two, Ⅰ, 16。）

⓰　見 Essay Two, Ⅰ, 17。

⓱　見 Essay Two, Ⅰ, 17。

⓲　見 Essay Two, Ⅰ, 20～22。

二、第二路線

2. 自觀念組織之單純複雜作觀念的分類，從而看到一切觀念都源自經驗。

21.觀念的分類

先分為簡單的與複雜的。 ⑲

(1)簡單觀念的說明　是觀念的單位，亦即單位觀念。從一個單位觀念不可能再析出觀念。 ⑳

(11)簡單觀念的次分㉑　以所由進入人心的途徑而分類。

　　　只由一個感官進入者

　　　不止可由一個感官進入者

　　　只由反省進入者

　　　由感官及反省進入者

(2)複雜觀念的說明　以簡單觀念為材料、基礎而構出的。以數個簡單觀念合成的。 ㉒

(21)複雜觀念的次分㉓　次分為模態、體、關係。

(211) 模態的次分㉔　以所由合成的簡單觀念是否同一種而次分為簡單模態和混雜模態。

(212) 體的觀念的次分㉕　次分為單一的體的觀念與集合的體

---

⑲　見 Essay Two, II, 1。

⑳　見 Essay Two, II, 1。

㉑　見 Essay Two, III, 1。

㉒　見 Essay Two, XII, 1。

㉓　見 Essay Two, XII, 3。

㉔　見 Essay Two, XII, 5。

㉕　見 Essay Two, XII, 6 下半。

的觀念。

21001.觀念的另一種分類　以簡單觀念為材料，施以心靈的能力，因之心靈再得三種觀念：❷

複雜觀念（由聯結簡單觀念而得）

關係觀念（並置二個觀念而作一觀察所得者）

普通觀念（從一個整個的觀念保留其中的一個觀念而剔出並存的其他觀念，即抽象，而得者。）

（按，這一分類是先將觀念分為二大類，簡單觀念為一大類，另一大類次分三小類，即：複雜觀念、關係的觀念、普通觀念，這三小類並無共名。）

21002.又一種分類❷　人心對事物本身所形成的。

人心由比較各種事物所形成的，即：關係。

21003.觀念還有別的分類，例如分為清楚的與不清楚的，分為分明的與混亂的，分為實在的與空想的，分為足夠的與不足夠的，分為真的與假的。❷這些分類和上述的分類不同。上述的三種分類是就觀念的形成言，本條所舉分類則是就觀念的被描述或評價言。洛克論觀念的形成時實際採用的是 21 條所舉的，不是 21001 或 21002 所舉的。

22.觀念形成的步驟

221.感入　自發出或生起觀念之對象言，它要進入人心，這進入就人心言便是感入。感入有內外二途。外感入用洛克自己的話說

---

❷　見 Essay Two, XII, 1. 又見 F. Copleston, S. J., *A History of Philosophy*, vol.V, p.81。

❷　見 Essay Two, XXV, 1。

❷　見 Essay Two, XXIX～XXXII。

是：「對象刺激感官……感官把這些觀念傳達在心中。」❷內感入用
他自己的話說是：「……我們知覺到自己有各種心理作用。我們的
心靈在反省且考慮這些心理作用時，這些心理作用就提供認知心以
另一套觀念，……認知心接受這些觀念就像感官之從外物接受觀念
一樣，足可稱為內感官。」❸但為分別起見，實際上叫它為反省。❸

222.構造　心靈對所接收進來的觀念施以動作，因而構造出另
一些觀念來。這些動作主要的有三，即：聯結、並觀、抽象。❷

223.成形　無論只由感入而得的觀念或再加構造而得的觀念，
均需命名而後成形、出品。命名不只是稱謂而已。這一步驟在《認
知論》中實際上存在，但是洛克並未明顯意識到。

23.諸步驟的可能性　以上三個步驟如要發生便得先有對象的
存在和心靈之有相應的官能和能力。不過洛克並未明文提起。

231.發現觀念形成的各步驟，這種事也是一個步驟，這一步驟
的可能性在於人對自己的經驗的內省。❸

24.這等步驟與論題的相關點　感入的即經驗的，而構造後於感
入，有感入才有構造。於是這二個步驟所得的觀念形成一種層級，
而上一級是由下一級遞升而來。所以這二個步驟的施行產生一種層
遞。層遞這件事如果成立且真確，則「一切觀念都源自經驗」這句
話也真確。❸

---

❷　見 Essay Two, Ⅰ, 3。
❸　見 Essay Two, Ⅰ, 4。
❸　見 Essay Two, Ⅰ, 4。
❷　見 Essay Two, XII, 1。
❸　見 Essay Two, Ⅰ, 1。
❸　見 Essay Two, Ⅰ, 24 及 XII, 8。

3.述簡單觀念之為感入的

31.心開始感覺時才有觀念，㉟可知最初的觀念是感入的。簡單觀念不能被心所造或毀滅，這也可知它們是被感入的。

311.人的感官有五個，五個這個數目只是一個事實，並非不可多些或少些。㊱

32.外感入

321.只由一個感官感入者。這是說「有些觀念的通路只經過一個感官，而且那個感官也就是專接受它的，因此，光和顏色，如白、紅、黃、藍，以及其各種程度、深淺、混合，如綠、朱、紫、海綠等等都是由眼官來的。至於一切噪聲、諧聲、樂聲，都是由耳官來的。……在觸覺方面最重要的就是熱、冷、固體性。至於其他的一切也是很明顯的，例如光澤和粗糙就是完全在可感的形相方面的，又如軟、硬、韌、脆，則是形容各部分黏合的程度的。」㊲而觀念之能由感官到達心靈是因為「神經是傳達觀念的溝渠，它們可以把觀念由外面引在腦中的接見室中。」㊳

而「這些器官以及各種神經只要有一種紛亂得不能執行其職務，則各種觀念並無旁門可以進入人心，為認知力所接受。」㊴這句話不獨證明確有由一官進入的事，而且證明確有外感入這事。

3211.洛克舉「固體性」的觀念作為由一官感入的觀念的例子，

㉟ 見 Essay Two, I, 23。

㊱ 見 Essay Two, II, 3。

㊲ 見 Essay Two, III, 1。

㊳ 見 Essay Two, III, 1。

㊴ 見 Essay Two, III, 1。

而予以議論。❹

322.可由一個以上的感官感入者。關於這項，事實上洛克舉出來的只有可由二個感官感入的這一種。這二個感官即視官與觸官。所舉出的觀念是「空間觀念、廣袤觀念、形相觀念、靜止觀念、運動觀念。」❹ 怎麼知道它們是可由二官感入的呢? 因為「這些觀念在視覺上和觸覺上都留有可覺察的印象。而且我們所以能把物體的廣袤、形相、運動和靜止等等的觀念傳達在心中，也是憑藉於視和觸兩者的。」❹

3221.接著洛克留下一句話:「關於這些觀念，我們以後還有機會再來詳細論究，所以我在這兒，只把它們列舉出來。」❹ 所謂「以後」是第二卷第十三章，那裡，已經是討論複雜觀念的區域了。現在，我把我這句話也留在這裡。

33.內感入

331.被內感入的對象是心理作用，例如: 知覺、思想、懷疑、信仰、推論、知曉(knowing)、意欲(willing)。❹ 但是洛克又說:「關於這些簡單的反省觀念，我們以後行將藉機來論究其一些特殊的模態，如記憶、分辨、推論、判斷、知識、信仰等等。」❹ 同樣的，所指「以後」已不在簡單觀念的區域。可說洛克並未為「內感入」的簡單觀念舉例。❹ ❹

---

❹　見 Essay Two, IV。

❹　見 Essay Two, V。

❹　見 Essay Two, V。

❹　見 Essay Two, V。

❹　見 Essay Two, I, 4。

❹　見 Essay Two, VI。

❹　這「以後」在 Essay Two, IX～XI。

3311.其實要舉例恐怕是相當困難的。我們利用「作」與「品」的分別便可顯示此中困難所在。例如「思想」是動作，要說到「思想」一定要同時說到「所思想的」，亦即「思想品」。「思想」是無法單獨被說到的，所以無法舉例。但是，依洛克言被內感入的是「思想作」，不是「思想品」，因此洛克並未舉例。而「思想品」已是複雜觀念了，所以到他舉出例子來的時候，已經到了複雜觀念的領域了。❹

34.外內感入　關於這一項有些不清楚的地方。洛克先舉苦樂為例。按感入的定義，被感入的是簡單觀念，而簡單觀念是心所不能造或毀的，所以是現成的，既成的，心靈只是去接收它們而已。照這樣說，苦樂是既成的對象，只待感入，那麼只要由一個途徑，外感或內感，去感入就行了，何必要由「所有外感和內感的途徑呢」？　❹是不是先由外感感入引起苦樂的事物，再由內感感入苦樂

---

❹　Leibniz 懷疑它們可能不見得都是簡單觀念，因為運動的觀念包含形相的觀念。我想他是將心靈的動作解釋為物體的運動，因此有形相可言。如果不是這樣，則他可能是誤「心底動作」為「心底動作的成品」。「知覺」是心底動作，「運動」，舉例說，是「知覺」這個動作的成品。洛克原文是 "The mind,…observes its own actions about those ideas it has, takes from thence other ideas,…"但 Leibniz 把它解為 "The simple ideas which come through reflection are the ideas of the understanding and of the will; for we are aware of these when we reflect upon ourselves." 可見他是如此誤解。這樣誤解的不止是 Leibniz 一人。——見 Leibniz, *New Essays*, p.128 末到 p.129 首。P. Remnant & J. Bennett 英譯本。

❹　見 Essay Two, VI末句。他舉例出來時已經是 modes 了。而且「思想品」是「生起的」，不是「感入的」。

❹　見 Essay Two, III, 1, VII, 1. "by all the ways of sensation and

呢？如果這樣，苦樂只是由內感感入，不是由外感與內感感入。要是外內感入這項所感入的觀念是指先由外感感入，再由內感感入的觀念，那麼，一切由內感感入的觀念都是歸入由外內感感入的這項了，因為如果是無外感感入便無內感感入。這樣一來，簡單觀念的第三類也就是其第四類了。其次，感入的觀念是既成的，所以被指為先經由外感再經內感感入的觀念應是同一個觀念，同一個觀念何必二次感入呢？洛克的意思會不會是「可或由外感感入，也可或由內感感入呢」？ 就如空間觀念、形相觀念之可或由視官感入，也可或由觸官感入一樣。再次，被內感感入的是心靈的動作，這動作是什麼呢？他好像沒有明說。苦樂是動作嗎？

　　洛克的意思可能是這樣的：有的苦樂是由外感感入的，有的苦樂是由內感感入的。這和形相觀念之可或由視官感入，也可或由觸官感入不同；因為在這兒是指「同一個形相觀念」，❺而所說苦樂則是指「二個苦或樂」。這樣，上段所提三個疑問的前二個就解決了。但是，「苦樂」是既成的嗎？是的，洛克認為是的。在這裡，洛克認為是的。他說：「大智的造物就在一些對象上頭，和由這些對象所得的觀念上，以及在一些思想上，附加了一種伴隨的快樂。」 ❺原來，苦樂之所以是既成的，是因為它們是上帝所附加在被感入的事物上一起被感入的。那附加在思想上的，以及那附加在觀念上的苦樂就是經由內感感入的了。可是經由內感感入的應該是心的動作

---

reflection”。

❺　嚴格講起來，「同一個」是在物上的，在心上的則是二個。這可證明洛克所謂觀念有「在心上的」與「在物上的」二種，但他自己似未明察。這方面我打算另文專論。

❺　見 Essay Two, Ⅶ, 3。

才對，被這心的動作作用的觀念是先一步已由外感感入了的。也許在苦樂之為被內感感入這點上，洛克是以知覺為被感入的心靈的動作，他以為連同知覺這動作，動作的對象，苦樂，也一起被感入了。洛克如果真是這樣，我想，那他是錯了，也就是他不能前後自相一致。不過所云「附加」可以瞭解為「既成的，但也是儲備的」，因此，糖的味道被外感感入心靈以後，附加在糖的味道上頭的「樂」，隨後也被外感感入而出現於這心靈上。而當心靈思想這味道之樂時，原先已被上帝附加在這次思想上頭的「樂」就跟著這次思想之被內感感入一起感入。如此，第三個疑問也可以解答了。只不過這時候他的經驗論已附加了「預定調和論」了。

341.洛克又舉存在和單位為由外內感入的例子。他的說明非常簡單。❺❷他視這二個觀念之為「感入的」，亦即「接收的」，為當然的事，他說：「觀念如果存在於心中，則我們以為它們真正是在那裡的，」❺❸這即是「存在」這觀念有的是由內感感入。❺❹「就如我們以為各種事物真正存在於外界一樣」，❺❺這即是「存在」這觀念有的是由外感感入。❺❻「感入的」即「既成的」，跟「苦樂」一樣，我想也

---

❺❷ 見 Essay Two, VII, 7。

❺❸ 見 Essay Two, VII, 7。

❺❹ 參 Essay Two, VII, 7。又 Leibniz 以為「存在」與「單位」這二個觀念來自 reflection，而 reflection 是 reason。而不是來自 senses。我想他第一誤解了洛克的 reflection，這已見注解第 47 條。第二，因此誤以為 reflection 為 reason。見 *New Essay*, p.129。（不過，Locke 在這節確有以 reflection 所感入的是這二個觀念，而不是「心的動作」的跡象。這是洛克自己的疏忽或無奈。可是 reflection 仍是「感入」不是「反省」，更不是「理性」。）

❺❺ 見 Essay Two, VII, 7。

應是「既成的，但儲備的」。可是他現在不說是上帝附加的了，而說是對象向認知力提示的，❺我想，這好比是說一塊寶玉不但能使投射到它上頭的光線刺激到我們的眼球，而且能把「存在」這觀念也傳到我們的眼球。這話，我想，並不違反邏輯，只是這是不是人的經驗，不免有疑問。❺至於「單位」這觀念，做此不贅。

342.他再舉能力與聯續這二個觀念為例。❺當然，要說它們是「感入的」，它們也必得是「既成的，但儲備的」。現在他對「聯續」這觀念所說的是，外感入的是「由我們的感官所提示的」，❻內感入的則乾脆是「由通過我們的心靈的觀念所提供的」。❻至於對「能力」這觀念他卻說得很含糊，他說：「……因此，我們便從（感覺和反省）這二條途徑得到(get)能力的這觀念。」❻不過他自己已經對自己作了批評，因為真正討論能力這觀念的是在第二卷第二十一章，真正討論聯續這觀念的是在同卷十四章，這些都在複雜觀念的篇幅了。

35.舉出而敘述了這四種簡單觀念以後，洛克說：「這些觀念縱

---

❺　參 Essay Two, VII, 7。又，Aaron 以為洛克認為人能直接知道「存在」。見 Aaron, p.115。

❺　見 Essa Two, VII, 7。

❺　看到「太陽」，則心中有了「太陽」這觀念。但是心中有「有太陽」這個觀念，是由心的另一次動作所得到的另一個觀念。而且「有太陽」跟「太陽存在」是不同的觀念，最少就意義講是如此。而在洛克，觀念是語文的意義。所以，「太陽」這觀念所提示的，充其量只是「有太陽」而不是「太陽存在」。其實這「提示」是該次「感入」以外的另一件事。「有太陽」似乎是「太陽」的 meta-language。

❺　見 Essay Two, VII, 8 及 9。

❻　見 Essay Two, VII, 9。

❻　見 Essay Two, VII, 9。

❻　見 Essay Two, VII, 8。

然不能包括盡人心所有的那些簡單觀念，至少，我想，也形成了它們的大部分。」(63)我想他這話是就他所舉的觀念的例子說，因為就分類言，四種簡單觀念已經窮盡了。在開始時他已說過：「我在下邊敘述簡單觀念時，只限於那些與我們題旨關係最切，而且少為人注意的各種觀念。」(64)接著又說：「人心的一切觀念都是由這些觀念做出的，不過人心所以能接受到這些觀念，仍是本乎上述的感覺和反省兩種途徑。」(65)這幾句話除了它們本身所表示的以外還宣洩一點消息，即《認知論》一書之論簡單觀念已到此為止，往下將論複雜觀念了。（按，事實上有點問題。）

351. 洛克現在可以談到人知的範圍了，他認為這範圍就盡於簡單觀念和由簡單觀念層遞而得的觀念。當然他也曉得人知的廣大，不過他認為再廣大也越不出這個範圍，而另一方面由層遞而得的觀念，其數目卻可以是無限的。他說：「人們或者以為這些界限太過狹窄，不足以供廣大的人心來馳騁，因為人心飛躍得比星宿還遠，而且我們不能以世界的邊緣來範圍它；它的思想可以擴展到了物質的極度廣袤而外，遊行於那個不可捉摸的虛空。人們如果這樣想，我也可以承認他們是對的，不過我很希望人給我指示出，那一個簡單觀念不是由上述的進路接受進來的，那一些複雜觀念不是由這些簡單觀念形成的。我們如果一考究，二十四個字母的變化如何能產生出許多文字來，則我們正可以想，這些少數的簡單觀念，已經足以促動我們最迅速的思想和最廣大的心量，已經足以供全人類各種

(63) 見 Essay Two, Ⅶ, 10。

(64) 見 Essay Two, Ⅲ, 2。

(65) 見 Essay Two, Ⅶ, 10。

知識、各種思想、和各種意見以各種材料。……」⑥這段話本身是合理的，不過好像還需有一個保證，保證這段話是論證的結果而不是論證的前提，也許他不以為有此必要，因為他相信無人能指出有一個簡單觀念不是由上述的進路來的。他不覺得以經驗來肯定經驗論會有問題。

4.述簡態模態之為層遞而來　在這裡洛克舉空間的簡單模態、時間的簡單模態、數目的簡單模態、無限性、運動的簡單模態、聲音的簡單模態、顏色的簡單模態、滋味的簡單模態、無名的簡單模態、思想的模態、苦樂的模態、能力的模態等為例。這些例子並未能窮盡一切簡單模態。他舉它們為例或是由於它們是重要的，或是由於它們看起來似乎與簡單觀念的來源（即內外感）隔絕⑥需要加以說明。

41.述空間的簡單模態之為層遞而來。

411.模態是由簡單觀念複合而得。所以要得到空間的簡單模態先要求得空間的簡單觀念，亦即組成空間的簡單模態的單位觀念。洛克先舉出一個單位觀念來，即：距離。⑥複合這一種單位觀念就可以得到很廣大的空間觀念，而且這複合是無止境的。不過他的說法有些模糊，因為他並未指出最後的單位是什麼來。如果按照他自己的理論，最後的單位即是簡單觀念，而簡單觀念是既成的，只待感入，我們應該已經感入了很清楚的距離的最小單位才對，可是他卻未指出來。（按，事實上是辦不到的。）他自己的話是這樣說的：「每一種距離就是空間的一種變狀(modification)，每一種距離的觀

---

⑥　見 Essay Two, VII, 10。

⑥　見 Essay Two, XII, 8。

⑥　見 Essay Two, XIII, 3。

念，或空間，也是這個（空間）觀念的模態。人們因為慣於計算，所以他們心中就有了一些確定的長度觀念，就如一吋、一呎、一碼、一尋(fathom)、一哩，地球的直徑等等，（這些都只是由空間做成的許多獨立的觀念。）　人們既然熟悉了這些確定的空間長度或尺度，因此，他們就可以任意在心中複述這些觀念，而且在複述時還無需把任何物體的觀念加上去；而自己構造出長、方、立，以及 feet、years、fathoms（按，這三個英文字是多數形）。」**⑥⑨**

412.他再舉出一種由簡單觀念複合而得的空間的模態，即形相(Figure)。同樣的，他也未指出這簡單觀念是什麼來，甚至沒說到是簡單觀念。他的話是這樣的：「空間觀念還有另一種變狀。所謂形相就是有限空間中（或有邊際的廣袤）各部分間的關係。可感物體的邊緣如果可為我們所觸摸，則我們可以觸覺發現出這種關係來；物體的界限如果可以為我們所看見，則我們可以眼官由物體和顏色兩者中發現出這種關係來。因此，人心在觀察任何物體（或空間）邊沿的各部分時，便看到它們的相互關係，便看到那些邊端有的終止於曲線，成了分明的角子，有的終止於曲線，無角子可尋。因此，它就得到了無數的形相觀念。……」**⑦⓪**

413.洛克再舉出一種同樣是未明指其簡單觀念為何而由簡單觀念複合的模態，即，位置。他說：「在位置的觀念方面，我們所考究的是一種事物和其他任何靜止的、距離不變的兩點（或較多的點）的距離關係。因為我們如果在昨天以一個事物同任何二點或較多的點相比較，而且今天又看到它同那些點的距離仍同昨天一樣，而且那些點的互相距離也沒有變，則我們可說它仍佔著舊日的位置。不

---

⑥⑨　見 Essay Two, XIII, 4。

⑦⓪　見 Essay Two, XIII, 5。

過它如果同那些點中的任何一點，距離明顯的變了，則我們便說它的位置有了變化。……」❼在這一段話，我們看到位置的觀念是由好幾個點間的距離的變或不變而來。這當中是要先有一些觀念，然後再有位置的觀念，所以位置的觀念是由層遞而來。可是層遞的下層是什麼，他並未指出其為簡單觀念，為那些簡單觀念。而且這層遞的工作是否複合也未說到。不但如此，他在事實上還反過來說位置與形相是關係。❼

414.以上是洛克對於空間的簡單模態之為層遞而來的說法。他對空間觀念還說了別的許多話，但是跟「層遞」這點無關，所以本篇不提。例如，位置的相對性、廣表與物體的區別、虛空等等。❼不過其中有二點值得在此一提。(1)純粹空間的各部分是不能互相分離的；因此，不論在事實方面，或心理方面，它的連續性並不能分離開。❼所以我們看到他並未舉出空間觀念的簡單觀念來。(2)空間是什麼樣的？這不能說明。❼

42.述時間的簡單模態之為層遞而來。

421.雖然在開始討論複雜觀念的時候，洛克說他要討論時間觀念和空間觀念。❼但是作為讀者的我們卻先要弄清楚，現在❼他說的是「綿延」而不是「時間」，他只是因為討論綿延（尤其是討論綿延的度量。參見 Essay Two, XIV, 17）所以才討論到時間。這一

---

❼　見 Essay Two, XIII, 7。

❼　見 Essay Two, XIII, 7 及 5。

❼　都見 Essay Two, XIII。

❼　見 Essay Two, XIII, 13。

❼　見 Essay Two, XIII, 15。Leibniz 以為可以。見 *New Essay*, p.149。

❼　見 Essay Two, XII, 8。

❼　見 Essay Two, XIV。

點也許他自己不見得會承認。不過讀《認知論》的人要是先有這個
了解，讀起來就容易得多，清楚得多了。

　　他首先談到有「綿延」這回事的存在。在討論了空間的簡單模
態以後他說：「此外還有一種距離或長度，我們對它所生的觀念不
是由常存的空間部分，而是由飄忽易逝的連續的各部分來的。這種
距離就叫做綿延(duration)。」 ❼❽ 這句話除了提出綿延這回事以外還
蘊含著一點，即：先有連續才有綿延。而有二個東西或二個點才有
所謂連續，所以先要感入二個（或更多）東西或二個（或更多）點
的觀念。因此他說：「真的，人們所以認為時間、綿延、悠久這三
者的本質是很深奧的，亦正有其理由在。不過這三者雖然似乎是我
們所不能了解的，可是我確乎相信，我們的知識來源之一——感覺
或反省——就可以把這些觀念清晰地、明白地供給於我們。」 ❼❾ 又
說：「我們所以能發生了連續的觀念就是因為我們反省到人心中這
些前滅後生的觀念的現象。」 ❽⓪ 這個感入他認為一定有的，因為人心
中總是一個觀念接著一個觀念不停地出現，要叫它不如此出現甚至
是辦不到的，除非是睡著了。 ❽①

　　422.有了連續就有了距離，有了距離就有了綿延。「連續中任何
二部分間的距離，或人心中任何兩個現象間的距離，就是綿延。」 ❽②
就這話看，是「距離即綿延」，而非「有距離才有綿延」。不過接下

---

❼❽　見 Essay Two, XIV, 1。

❼❾　見 Essay Two, XIV, 2。

❽⓪　見 Essay Two, XIV, 3。類似的句子還見於：Essay Two, XIV, 4, 6, 16
　　及 27。

❽①　見 Essay Two, XIV, 3 及 13～15。

❽②　見 Essay Two, XIV, 3。

去他說：「因為在我們思想時，在我們心中不斷地接受各種觀念時，我們知道我們是存在的。因此，我們就叫我們自己的存在（或繼續存在）為我們的綿延。」 **⑧** 從這句可以看到是「有距離才有綿延」，而且也可證明是這樣的，因為不能將「我們的綿延」改為「我們的距離」。綿延有模態，「綿延的各種簡單模態，就是綿延的各種不同的長度。這些長度我們對它們有觀念，就如時辰、日、年、時間、永久等等。」 **⑧**

422001.到這裡，我們已經可以看到洛克的層遞論了。即：有上下二層，上層是綿延的模態，下層是綿延的簡單觀念；這簡單觀念在這裡剛好是綿延的單位，模態即是單位的複合，所以上層是由下層遞升而來。還有一點，最下層是感入而得，也即，是接收來的。在此處是由心靈感入二個以上的觀念。

4220011.洛克之論經驗的建立是憑藉各人的內省。綿延觀念之建立，我個人的內省和洛克所說的並不完全一樣。有時候，獨處一室，四周寂靜，我閉目養神，這時幾乎停止外感入觀念的工作。只是還有內感入觀念的工作在進行著。所謂內感入，所感入的，依洛克說的，是心靈的動作。這時我的心靈的動作可能只有一種，例如沈思，所沈思的是閉目前眼睛所看到的景象，所謂沈思在這裡並不指在思考什麼道理，而只是很單純地把這景象保留在閉目後的眼前而已。這時內感入的動作只有一個，而且只有一次。所以並無二個或二個以上的觀念可資以出現「距離」的觀念，可是我仍舊意識到我這沈思的動作在繼續著，意識到我繼續存在，也即我有了「綿延」的觀念。而且我也意識到我這次沈思比上次久一點或短一點。我的

---

⑧　見 Essay Two, XIV, 3。

⑧　見 Essay Two, XIV, 1。

這個內省的經驗與洛克所說的不同處之一是，不必內感入二個觀念以獲得「距離」的觀念，我就有了「綿延」的觀念。如果有人代洛克發言而說，我的沈思繼續進行，因此可以分段，每一段等於是一個單位的沈思，二段就有了二個沈思，所以仍有「距離」的觀念產生。這樣說，我想是乞求論點，因為「分段」已經是「綿延」了。洛克的錯誤根源在於他只取「一個東西接著一個東西出現」之為聯續或繼續，而忽略「光是一個東西」也可以繼續或聯續下去。

在 422001 我說綿延的模態觀念的下一層是綿延觀念的簡單觀念，也即綿延的單位長度。現在我們看到綿延的單位長度這個觀念還有它的下一層，即「距離」，只是洛克把這二層搞混了（見 422條）。那麼，要是容許我來「修正」洛克的說法，我想可以取消這更下的一層，而直接以綿延的簡單觀念為起始的第一層。這樣子，仍舊有「層遞」，他的層遞論仍可保住。而且，這比較符合我個人的內省經驗。我想，可能也比較符合眾人的。

不過事情也沒這麼簡單，因為綿延的簡單觀念要被複合，所以就出現一個問題：怎麼才算一個綿延的簡單觀念？就我的內省言，我意識到綿延有久暫之別,卻沒意識到綿延有簡單的跟複合的之別。在我的原始的（即尚無時計時）經驗裡，只有綿延的久暫，而無所謂一個綿延或五個綿延。可是在洛克的說法裡，這「個」是少不了的。（英文沒有「個」這個字，不過有「個」這個思想。中文這「個」字，在這裡，很有幫助。）原來他所謂觀念是可以論「個」，而且可以論「個」計算的。（這一點深究起來，可以發現他所謂「觀念」的另一面部相(features)，容俟日後另寫專文。）那麼，怎樣才是一「個」綿延的簡單觀念呢？這「個」有可能嗎？

423.對洛克來說，這是可能的。二個觀念之間的距離（出現先

後的距離）就是一「個」綿延的簡單觀念。──不過洛克筆下好像
沒有出現「綿延的簡單觀念」一詞，當他與說到綿延的重複(repeat)
的時候，他好像總是用「長度的重複」， 而不說「綿延的簡單觀念
的重複」或「綿延的單位的重複」。這似乎表示，雖然理論上可能，
可是事實上他自己也沒找到綿延的單位觀念。可是洛克雖然沒發現
這單位卻認為這單位是相當固定的。 ⑧

424. 洛克對於綿延的觀念的說法可以說是到 423 為止（起自
421），接下來是另一件事，綿延的度量。 ⑧

首先，他以我們心中的綿延的觀念來度量別的東西的綿延。「任
何東西只要同我們心中觀念的聯續相符合，則它的繼續存在也可以
叫做綿延。」⑧「人的綿延觀念……也一樣可以應用在他不思想時仍
存在的那些事物上。」⑧「在醒時，觀念的有規則的恆常聯續就成了
其他聯續的度量和標準。」⑧而且也可以用來度量那不跟我們自己同
時存在（按，即在我們當前的存在以前或以後）的別的東西。 ⑨

其次，洛克要度量人自己心靈上的觀念的綿延。他發覺這點很
難辦到。因為第一，只有綿延才能度量綿延，猶如只有廣袤才能度
量廣袤；第二，度量綿延的標準是心上觀念的綿延，所以要度量心
上的觀念的綿延就是要用心上觀念的綿延來度量心上觀念的綿延；
第三，現在，設心上觀念的這一段綿延要被度量，那麼得拿心上觀

⑧ 見 Essay Two, XIV, 9。
⑧ 見 Essay Two, XIV, 17 首句。
⑧ 見 Essay Two, XIV, 3。
⑧ 見 Essay Two, XIV, 5。
⑧ 見 Essay Two, XIV, 12。
⑨ 見 Essay Two, XIV, 28～29。

念的另一段綿延來度量它，可是這二段沒辦法放在一起，因為要在一起就必須同時，但「這一段」跟「另一段」並不同時，要是同時，那就同段。❹（按，我想也許有一個辦法。例如我要量我心上這一段的綿延，我可以請另一個人坐在我身邊，然後請他在聽到我喊「開始」的時候，就開始注意他自己的綿延，而當他注意到他自己的綿延已經到一個單位，他就喊一聲「到」。這樣一直重複下去，到我叫「停」為止。然後計算有幾個「到」，就知道我心上這一段綿延有多長了。我想洛克不至於說別人的綿延單位跟他的可能不同，雖然我想是很可能的，如果綿延的長度標準是人心上的綿延的話。他要是說可能不同，那麼按照他的理論綿延的長度單位完全是個人的了，並無公共綿延了。❷不過，即使完全是個人的，仍舊可以用心上的綿延來度量心上的綿延，因為我自己也可以喊「到」，何必麻煩別人呢？）因此只有用恆常重複的週期來度量，❸而日、月的周轉是最適當的了。❹

可是，我想，這裡好像有問題。日、月周轉的恆常。指什麼恆常？是運動的恆常（即，每次都是同樣的途徑），還是每次運動所歷的綿延恆常？如果是前者，按洛克的理論並不能來度量綿延；如果是後者，則人怎麼知道這恆常。尺只要一把，所以是恆常的，不計溫差所致的伸縮的話，但是運動的周期如果只有一次，不能度量綿延，運動的周期要伴隨被度量的綿延一直重複下去。這樣子，先要用那被度量的綿延去度量每一個周期的綿延，那到底是用誰來度

---

❹　參 Essay Two, XIV, 18。

❷　見 Essay Two, XIV, 17。

❸　見 Essay Two, XIV, 18。

❹　見 Essay Two, XIV, 19。

量誰呢？而且事實上是誰也度量不了誰。——洛克自己也說過類似日的周期是否恆常需以人心的綿延為準的話。**⑨** （康德是不是從這裡得到暗示呢？）

4241.洛克因此說：「我們必須仔細分別綿延本身和我們判斷它長度時所用的那些標準。」 **⑨** 他認為「綿延乃是由恆常一律，毫無差別的途徑，往前進行的。不過我們所用的一切標準，據我們所知都不是如此的。」 **⑨** 此外，由於度量綿延的標準並非必用分、時、日、年才可，所以是可以選擇的。 **⑨** 但是，不論選擇那一種，不論這標準本身標準不標準，都不能改變綿延的意念(notion)， **⑨** 我們的綿延的意念仍是很清晰的。 **⑩** 所謂「很清晰」是什麼意思呢？為什麼很清晰還需要用別的東西來度量它，來作為標準呢？如果說「很清晰」但不知道它有多長，那不是等於說「在思想，卻意識不到這思想。」 **⑩** 嗎？也許他說的是，雖然很清晰，可是要用一個標準來度量它，才能告訴別人它有多長，他說：「因為我們如果沒有一些有規則而按時出現的現象，則世界上雖然仍有各種運動，可是我們也不能來計算綿延的長度，也不能向人表示綿延的長度。」 **⑩** 我想，洛克是把長度的測量與長度的記錄混為一談了。但是他接著說下去：「因為運動的各部分，都不是按照有規則的，表面相等的各種旋轉來排

---

⑨　見 Essay Two, XIV, 21。

⑨　見 Essay Two, XIV, 21。

⑨　見 Essay Two, XIV, 21。

⑨　見 Essay Two, XIV, 23。

⑨　見 Essay Two, XIV, 23。

⑩　見 Essay Two, XIV, 21。

⑩　見 Essay Two, I, 11。

⑩　見 Essay Two, XIV, 23。

列的。」⑩這卻是測量而非記錄。不過被測量的不是心靈的綿延，而是外物的。在這兒他似乎又是搞混了。心靈的綿延是一切綿延的標準，⑩為什麼反過來要被測量呢？而且心靈也可以自行記錄它綿延的長度。洛克之所以這樣錯亂，我想是歸根於事實上他並未感入心靈綿延的單位長度，雖然他以為觀念的聯續有一定的速度。⑩

4242.為什麼他說觀念的聯續有一定的速度呢？聯續指二個觀念之相繼出現，所謂速度指前面的一個觀念出現多久以後第二個才出現。洛克發現這第二個的出現再快再快也不能超出一個極限。⑩因為有極限的存在，所以他說觀念的聯續有一定的速度。怎麼會發現有極限呢？因為一個子彈射擊出去，它在彈道上經過很多點，那我們心上一定外感入了一長串的觀念，而生聯續的觀念。可是事實上我們只發現牆壁被子彈打中了，卻沒有一點兒聯續的觀念。這是因為子彈的速度太快了，我們心上本來已有的觀念尚未退去，無法讓新來的觀念進入的緣故。⑩又如旋轉的東西，轉得太快的時候，「我們便看不到它的運動，而且看它只是那個物質，那種顏色的一個完整圈子，而不是那個運動的一部分。」⑩太慢的運動也不行，因為「在運動物體所呈現於感官的那些觀念之間，思想中別的觀念會得到空隙跑進來。因此，我們就沒有運動的意識。……就如鐘上的針和日儀上的影子，和別的雖緩而無間斷的運動，便是在隔些時候以後，

---

⑩　見 Essay Two, XIV, 23。

⑩　見 Essay Two, XIV, 12。

⑩　見 Essay Two, XIV, 9 及本章第 423 條。

⑩　見 Essay Two, XIV, 9 及 12。

⑩　參 Essay Two, XIV, 10 及 8。

⑩　見 Essay Two, XIV, 8。

我們雖可以藉著距離的變化，看到它已經運動了，可是我們卻看不到運動自身。」 ❿ ── 如果他這種說法是錯的，那麼 4220011 所提的「修正」似乎更必要了。

4243.不過說運動太快或太慢都不能引起我們的聯續觀念，並不意味聯續的觀念是由運動來的。聯續的觀念是由我們心靈所感入的觀念之成串而引起的。❿ 同理，週期運動之能量度綿延的久暫，不在於其為運動，只在其為週期。❿。

4244. 綿延被量度而被刻畫，這以後談到綿延，就可以叫做時間。❿ ── 我想，不如說時間是綿延的記錄，猶如溫度之於熱。又，這兒又可看到他混淆「量度」與「記錄」。

4245.有了這記錄的刻度（時間）以後，我們就可以設想在未發明這種刻度以前，例如文明以前的綿延。❿ 或將我們所採用的刻度跟別人所採用的刻度互相換算，以設想別人所說的綿延的長短。❿ 但是，這並不意味有了刻度，世界的綿延就是有限的了。其實世界之有限或無限，在有了這刻度以後，都還一樣可以設想。❿ 更有進者，我們只要把這刻度的單位一直加下去，就可以得到悠久的觀念了。❿ ── 於是，三個難懂的觀念：時間、綿延、悠久，❿ 都成為

❿　見 Essay Two, XIV, 11。又參 Essay Two, XIV, 7。

❿　見 Essay Two, XIV, 6及16。

❿　見 Essay Two, XIV, 20。

❿　見 Essay Two, XIV, 17。

❿　參 Essay Two, XIV, 25。

❿　參 Essay Two, XIV, 24。

❿　參 Essay Two, XIV, 26。

❿　參 Essay Two, XIV, 27。

❿　見 Essay Two, XIV, 2。

清楚明白的了。

43.論數目的簡單模態之為層遞而來

431. 數目有單位，單位的重複，一直重複就是數目的簡單模型。⑱

432.數目必須有名稱才不會混亂。⑲有些美洲人，天才亦還敏捷，但是雖能數二十，卻不能數一千，即因為無數目的名稱的緣故。⑳——我想，命名其實是觀念形成的一個步驟，無名稱其實即尚無觀念。兒童為什麼不能很早就會數數，也是因為他們尚無數的名稱。㉑

433.數目的每一個模態都是清晰的，能跟別的模態分別的。㉒

434. 數目可以度量一切可度量的東西，其中主要的就是擴延(expansion)和綿延。而且我們的無限觀念在應用於事物上時，似乎只是無限的數目，因為數目幫助我們重複簡單觀念（例如綿延和擴延的）。㉓

43001.這裡的層遞論似乎只 431 條而已。其他三條都與觀念之為「個」有關。要為「個」，才能出現。出現為「個」，所以清晰能別。這點雖非層遞論自身，卻為層遞論所需。

44.論無限性觀念與層遞

441.可以一直重複下去的觀念才有無限性可言。白，白到一個

---

⑱　見 Essay Two, XVI, 1～2。

⑲　見 Essay Two, XVI, 5。

⑳　見 Essay Two, XVI, 6。

㉑　見 Essay Two, XVI, 7。

㉒　見 Essay Two, XVI, 3。

㉓　見 Essay Two, XVI, 8。

程度就不能再加了，所以無無限性可言。擴延、綿延、數目，便有。⑫

442.無限性觀念並不是在重複到某一層級時便在更上一層級出現的一個觀念。無限性觀念是對於有的觀念可以一直重複下去，而且沒有理由停止這重複的觀念這件事而言。所以空間的無限性和無限的空間，舉例來說，是不同的。⑫雖然如此，沒有層遞仍舊不會有無限性的觀念出現。⑫

45.論運動的模態⑫之為層遞而來

「快」與「慢」是運動的模態，它們是運動與時間的距離、空間的距離的複雜連結而來的。⑫ —— 這似乎是混雜的模態了，我想，不過仍為層遞而得。

洛克還舉「滑過」、「轉動」、「顛覆」、「行走」、「盤緣」、「奔跑」、「跳躍」、「跳舞」、「舞蹈」等為例，但未說明它們是怎麼來的。⑫ —— 想來也是層遞而來的混雜模態。

46.論聲音的模態之為層遞而來

可以看到有「層遞」的情形是：「除了鳥鳴、獸呼而外，各種聲音還可以被長短不同的各種音調所變化。」⑬似乎由於某種單位的重複可得長短不同的音調，亦即模態。

47.論顏色的模態之為層遞而來

可以看到有「層遞」的情形是：「同一顏色的各種不同的程度

---

⑫　見 Essay Two, XⅦ, 1 及 6。

⑫　見 Essay Two, XⅦ, 7。

⑫　見 Essay Two, XⅦ, 3, 7, 8 及 12。

⑫　原題為「運動的簡單模態」。

⑫　見 Essay Two, XⅧ, 2。

⑫　見 Essay Two, XⅧ, 2。

⑬　見 Essay Two, XⅧ, 3。

和濃淡」。❸

　　但是洛克自己說顏色的模態有很多是混雜的，因為它們包含色和形相二者。❸

　　48.論滋味的模態之為層遞而來

　　「一切複雜的滋味和嗅味，都是由這些感官所供給的簡單觀念所組成的模態，不過它們通常都沒有名稱。」❸

　　48001.我想聲、色、味三者都有程度之別，這程度之別就可由層遞論來說明。不過這兒還是有問題，例如紅色與綠色，是二個簡單觀念，或二個模態？如是模態，怎樣由層遞而來？其次，按洛克的理論簡單觀念是既成的、感入的、清晰的，為什麼洛克在聲、色、味三者都未舉出它們的簡單觀念來？我想，這不是由於無名稱的緣故，清晰則可以有名稱，雖然用不著時也可以不取名。

　　49.述思想的模態❸

　　洛克舉出感覺(sensation)、記憶(remembrance)、回憶(recol-lection)、思維(contemplation)、幻想(reverie)、注意(attention)、專一(intention)、研索(study)等為思想的模態。然後說到人對自己心上的觀念的注意，其程度不同。又說到並非有心靈即有思想。

　　如果按照他的理論，不由層遞而得者不是複雜觀念。上舉這些到底是思想的簡單觀念或模態，實在無從判定。因為他並未說出它們是如何由層遞而得的。

---

❸　見 Essay Two, XVIII, 4。

❸　見 Essay Two, XVIII, 4。

❸　見 Essay Two, XVIII, 5。

❸　見 Essay Two, XIX。

410.[135]論快樂和痛苦的各種模態之為層遞而來

在第 34 條我們已見到苦樂是感入的觀念，亦即是簡單觀念。現在洛克再肯定這點。[136]現在他舉出苦樂的模態來：由苦樂之產生引起善惡的觀念，[137]由反省苦樂而生起愛、憎、慾，[138]由反省得善這事生起歡樂，[139]由反省失去善這事，生悲痛，[140]由想到將來能愜意地享受而生起希望，[141]由想到將會遇到不幸而生恐懼，[142]由想起善的事物不能達到而生失望，[143]由於受到損害而心紛亂不安乃生起忿怒，[144]由於所希望的一種善的事物被他人所得而生妒忌，[145]由於做了不體面的事而生羞恥。[146]

洛克只說明這些模態是由感覺和反省得來的。[147]但是層遞需要二層，而且下一層的觀念數目要是多數的，才能使上層成為模態。他所舉的下一層都只是一個觀念而已，不過對忿怒與妒忌這二個模態，他說下一層的觀念還有「自我觀念」和「他人觀念」，[148]可說是

---

[135]　410 乃 4 底下的第十條，10 算一位。

[136]　見 Essay Two, XX, 1。

[137]　見 Essay Two, XX, 2 及 3。

[138]　見 Essay Two, XX, 4～6。

[139]　見 Essay Two, XX, 7。

[140]　見 Essay Two, XX, 8。

[141]　見 Essay Two, XX, 9。

[142]　見 Essay Two, XX, 10。

[143]　見 Essay Two, XX, 11。

[144]　見 Essay Two, XX, 12。

[145]　見 Essay Two, XX, 13。

[146]　見 Essay Two, XX, 17。

[147]　見 Essay Two, XX, 18。

[148]　見 Essay Two, XX, 14。

多數了，我想其他的也可由心理學者一一為之補足為多數。所以層遞論是成立的。

　　只是有一點暫且記在這邊，以備日後另寫文章之用。反省一詞在《認知論》本來是用作「內感入」，並無「反省」之義。可是在現在這裡，可能是真的反省了。這一詞是有歧義的，在洛克。

　　411.接下來洛克談能力(power)：這一章，卷二第二十一章，是很長的一章。但是說到能力這觀念之為層遞而來的這點的卻很少，即：由於感入二個現象，能變的與被變的，而生起能力這觀念。❹——這一章是在闡明什麼是能力及相關的一些觀念。而且由這章只見到能力是模態，卻未見到能力有什麼模態，這一章的標題是「能力的觀念」，而不是「能力的模態」。此外他還認為能力含有關係。❺

　　5.論混雜模態之為由層遞而來

　　產生混雜模態的下一層的觀念是不同的觀念，不是相同的觀念。所以由下一層到上一層的動作不是「重複」而聯結，只是聯結。洛克已在卷二第十二章第五節舉出美之由形相、顏色、和「能引起觀者的樂意」三者所組成為例，以及偷盜這觀念之由「不經主人同意」及「暗中變換了事物的所有權」組成為例。現在到了卷二第二十二章，這章標題為「混雜模態」，可是其中所含層遞論並沒比第十二章多多少。當然，也舉了幾個例子。——不過比照簡單模態，混雜模態的層遞論也是可以成立的。只是個別的例子中，到底是怎樣層遞，下一層的觀念是那些，恐怕仍是不容易說得清楚，我想。

　　有一點也暫記於此。「至於無名稱的一些簡單觀念的集體，往

---

❹　見 Essay Two, XXI, 1。

❺　見 Essay Two, XXI, 3。

往不容易做成一個複雜的觀念。因此,『殺』、『一個』、『老』、『人』,雖然也可以聯合成一個複雜的觀念,就如『殺』、『一個人』、的『父親』一樣。可是前者因為沒名稱來明確地代表它,後者因為有『弒親』一名來表示它,因此前者就不是一個特殊的複雜觀念。」⑮可見命名是形成觀念的一個步驟。

6.論體的觀念之為層遞而來

6001.體分二種,物體與主體。物體義的體即日常語言所謂「一個東西」,主體義的體即哲學語言所謂「實體」、「本體」、「物自體」。本第 6 條所論的是物體義的體。洛克的原文是:「我們所有的各種體的觀念不是別的,只是一些簡單觀念的集合體;除此以外,我們還假設有一種東西是這些觀念所依屬、所寄託的。不過對於這種假設的東西,我們是不能有明白而清晰的觀念的。」⑮

61. 體的次分

單一的體,如「一羊」、「一人」。

集合的體,如「羊群」、「軍隊」。⑮

62.單一的體的觀念的出現　「人心中所接受的許多觀念,一面是由外物經感官來的,一面是由人心反省它的動作來的。不過人心在得到這些觀念以後,它又注意到,有些簡單觀念是常在一塊的。這些簡單觀念既被人認為是屬於一個事物,因此被稱為一名,後來乃成一個簡單觀念。」⑮這已經是一個層遞論:先有一些觀念的感入,然後由於感入的這些觀念之在一塊而生起另一個觀念,一個東西。

---

⑮　見 Essay Two, XXII, 4.諸「」號為原文所無。

⑮　見 Essay Two, XXIII, 37。另見 3 及 4。

⑮　見 Essay Two, XII, 6。

⑮　見 Essay Two, XXIII, 1。

這個層遞論我想不合我個人所經歷的事實，我所感入的是「一個東西的觀念」，並非「一些觀念」，亦即我所感入的在感入之時已是一個東西了，並無層遞的過程。也許這也是洛克所經歷的事實，因為上述的那段引文的最後六個字是「一個簡單觀念」，亦即他筆鋒的自然傾向透露了他內心的真實。因為「簡單的」是「感入的」。

6002.卷二第二十三章，標題「體的複雜觀念」，是專論體的觀念的地方。不過所含層遞只有62所說的這些，這章主要是在於辯論或闡明體之「是什麼」的。

6003.模態觀念是由層遞而來，引出層遞的動作是聯結下一層的觀念們。現在體的觀念之為層遞而來，情形也一樣，為什麼一個是模態，一個是體呢？我想其中差別在於我們對這二個觀念的「期待」有所不同。我們不期待模態含有它自己存在的假定，只認為它們是體的附屬品。但是對於體的觀念我們卻是期待它指謂一個東西❺。至於我們為什麼期待體（或模態）而不期待模態（或體）那是另一問題。

63.集合的體的觀念的出現：「集合體的觀念是由許多特別的體所形成的。……就如許多人的集合體雖然是由大多數獨立的實體所形成的，可是那個集合體的觀念可以成功為『一個』軍隊的觀念，而且它之為『一個』觀念，正如一個人的觀念一樣。」❺「人之所以能形成這些集合的體的觀念，乃是因為它能藉自己的組織能力，把各種簡單的或複雜的觀念聯合起來。就如它所以能形成單一的體的觀念，也是藉同一能力，把各種簡單觀念連合在一個實體內似的」。❺

---

❺ 參 Essay Two, XII, 4。

❺ 見 Essay Two, XXIV, 1。

❺ 見 Essay Two, XXIV, 2。

——層遞論在這裡，比在 62，更為明白。

64.而且還有進一步的透露。「人為的事物大部分都屬於集合的觀念，至少由各異的體所形成的各種事物是如此的。真正說來，我們如果適當地考究『軍隊』、『星座』、『宇宙』等等集合的觀念(集合成的單一觀念)，　則我們就會看到，它們只是人心所構成的一些草圖，只是把互不相關、渺不相涉的一些事物集合在一個景觀之下，使它們連合成為一個觀念，並且以一個名詞來表示它們，以便在思考時、和談論時，較為方便一點。」❿ 這裡所透露的有：

(1)人為的事物大部分屬於集合的體。——我想這是由於「自然的」先於「人為的」的緣故。所謂「一個」其實是相對的，「自然的」本來即在那裡，先為「一個」。　而「人為的」是集合許多自然的「一個」而成。這裡引發一個問題，即人心曾否感入「絕對的一個」這樣的觀念？ 依上文 62 的第二段看來，似乎沒有。這個問題影響層遞論，即：層遞論的最底層應否為「絕對的一個」？　又影響於一個觀念之屬於「性質」或屬於「體」？　這樣追問下去，對於認識論和形上學都有影響了。

(2)集合的體只是人心所構的一個草圖。

(3)命名可能是觀念的形成的一個步驟。

最後，這段話還說：「任何遠隔的事物、任何相反的事物，人心總能藉其組織的意識，把它們形成一個觀念，就如「宇宙」一名所表示的，就是很明顯的一個例子。 ❿

(4)對於世界的觀念們，即，企圖映射(mapping)世界的，儘管都想映射。但是有的有映射，有的無可映射。因為「宇宙」一詞即

---

❿　見 Essay Two, XXIV, 3。

❿　見 Essay Two, XXIV, 3。

含有它映射的可能不完全。

7.論關係觀念之為層遞而來

71.原則上的層遞論

(1)在下一層最少要有二個東西或事物。而且不論什麼東西都可以，簡單觀念、體、單一的或集合的、模態、關係或名字都可以。也可以是一物的一個部分，只要這二個事物是真正分立的或被人認為是獨立的。**⑯**

(2) 引發層遞的動作是，把這二個事物並置一塊而來回觀察它們。**⑯**

(21) 但是在上層的觀念出現之際還要命名，沒有名字的關係是不容易被察覺的。**⑯**

(211)有些似乎絕對的名詞，也會有關係。例如，「老」、「大」、「不完全」等。**⑯**又如「弱」、「強」、「必需」、「糧食」。**⑯**

(3)上層的觀念比下層的還清楚，亦即所產生的關係的觀念比產生關係的觀念的觀念還要清晰，例如「父」的觀念比「人」的觀念還要清楚。——（按，在別的地方，洛克說：「許多人心中，簡單觀念比複雜觀念，要較為清晰、較為精確、較為明白。……在複雜觀念方面，我們是容易錯誤的。」**⑯**這由於簡單觀念只要感入便可得到它，而複雜觀念則有待製作。現在洛克反過來說，他所說的也是

---

⑯ 見 Essay Two, XXV, 6～7。

⑯ 見 Essay Two, XXV, 1。

⑯ 見 Essay Two, XXV, 2。

⑯ 見 Essay Two, XXV, 3。

⑯ 見 Essay Two, XXVI, 6。

⑯ 見 Essay Two, XI, 14。

實情。所以，結果是：感入的未必是清晰的。）

　　(4) 二個人對下層的事物的了解不同也可以得到同一的上層的觀念。例如二個人對於「人」的了解不同，卻可以都得到「父」這個觀念。⑯——其實，我想，產生上一層觀念的正是人對下一層事物的了解，例如，了解下一層事物中的二個人，這一個生另一個，另一個為其所生，這才生起「父」這觀念來。至於了解「人」是否為有理性的，則與這次層遞無關。洛克自己也有這個意思。他說：「不論『人』是什麼樣的，可是他既然生了同類的人，則這種關係是一樣的。」⑰

　　(5)上層觀念的改變未必引起下層觀念的改變。例如上層觀念中以某甲為父，後來下層觀念中的另一人死了，則上層觀念不以某甲為父，但是某甲還是某甲。⑱——其實，我想，這時已無上層觀念了，雖然某甲還是某甲。

　　(6) 一個關係觀念必須要求另一個觀念的存在才能設想，例如，「父」、「較黑的」。⑲

　　(7)下層可以是任何事物，也即不一定要是簡單觀念，不一定要來自感入。可是，最後它們還是要來自感入的。⑳

　　72.個例上的層遞論

　　721.因果觀念的層遞論　總要則是，一物的因或果，後於這一物而生起，所以這是有了層遞。而因果的情形又可舉創造、產生、

---

⑯　見 Essay Two, XXV, 4。

⑰　見 Essay Two, XXV, 4。

⑱　見 Essay Two, XXV, 5。

⑲　見 Essay Two, XXV, 10。

⑳　見 Essay Two, XXV, 9 及 XXVI, 6。

造作、變化而說明之。⓱

　　722.時間關係的層遞論　「凡表示『何時』的一切時間名詞都只是指示某一個時間點同較長的綿延中某一個時段，有如何距離；因為我們在計算時，是以這個較長的綿延為標準的，而且以為那個時間點同這個標準是相關的。」⓲例如說「伊利莎白女王活了六十九年，統治了四十五年」，是指那個時間與別的時間的關係而言，而且這話的意義也只是說，她一生的綿延正等於六十九個「日的年轉」，統治期正等於四十五個「日的年轉」。⓳——按綿延本來是模態，而時間是綿延的記錄。先有度量才有記錄，所以記錄與度量之間有關係在。其次，某一特別的記錄與整個記錄的體系結構有關係在。洛克在這兒所說的也許是這等關係。關係要有名稱，這是他說的，可是他現在沒舉出名稱來，時間關係並不是這等關係的名稱。

　　7221.「幼」和「老」都是人生通常的壽命長度（例如七十）與現在已活的年數（例如十年）的關係（例如幼）。⓴

　　723.場所和廣袤的關係　先有場所，後有場所的關係；所以有層遞，如「在上」、「在下」。同樣的，先有廣袤，後有廣袤的關係，如「大」、「小」。大小是比較而來，是關係。㉑

　　724.同一性的關係觀念　總原則：由一物自身在二個時地的比較而起，所以有層遞在。㉒釋言之，即是問，一物自身之「如此如

⓱　見 Essay Two, XXⅥ, 1～3。
⓲　見 Essay Two, XXⅥ, 3。
⓳　見 Essay Two, XXⅥ, 3。
⓴　見 Essay Two, XXⅥ, 4。
㉑　見 Essay Two, XXⅥ, 5。
㉒　見 Essay Two, XXⅦ, 1。

此」在另一時地是否能保持，由此生起同一性的觀念來。──按卷二第二十七章的題目是「同一性和差異性」，可是他似乎只說到同一性。

725.比例的關係　下層：二個所寓託的物體（例如雪與奶）、該等物體被比較的方面的單位的數目（例如白的單位）。　上層：比例的觀念（例如白的程度是一比二）。⑰

726.自然的關係　指血統的關係言，例如「父」與「子」。⑱此例已見過。

727.制度的關係　例如司令有權力支配軍隊。這時，下層包括道德的權利、⑲能力、義務等。其他如「警察」、「執政」是比較不明顯的。⑳

728.道德的關係　下層包括人的自願動作、規則。引發層遞的動作在於察看二者的相契。

729.關係的個例是無限的，以上所舉的只是最重要的。雖然無限，但最後都歸結於簡單觀念，亦即，感入的。㉑

第二節　論觀念的逆向形成

8.洛克論觀念之逆向形成㉒

---

⑰　見 Essay Two, XXVIII, 1（例子是我所舉）。

⑱　見 Essay Two, XXVIII, 2。

⑲　見 *New Essay*, p.249。

⑳　見 Essay Two, XXVIII, 3。

㉑　見 Essay Two, XXVIII, 17 及 18。

㉒　這詞非洛克本有。

8001.所謂逆向形成是指先立名，然後形成觀念，然後這觀念再映射(mapping)事物。——但名之立，先有事物；這一段，是順向的，這順向的一段，由事物到名，中間可能並無與此名相應的觀念。立名以後，再賦此名以觀念，然後再持此觀念以映射事物；這是逆向的一段。順向的一段中的事物，即，立名以前的事物，不是逆向的一段所要映射的事物。

8002.洛克之論觀念的逆向形成見於《認知論》卷三。此卷論字，前三章論語詞與觀念的關係，觀念需被標示，人以聲音標示觀念，聲音標示了觀念，聲音乃成為語言。語詞與觀念之關係於此可見。第四章到第六章按觀念分類的順序，自各類觀念的名稱說起，說到觀念。第七章特舉語言中之質詞(particles)而論之，第八章又特論抽象的詞與具體的詞。第九章到第十一章則論如何補救語言的缺陷。但是洛克在論字的時候，隱含了觀念的逆向形成這件事。

8003.逆向形成有另一面。一般人很少自行形成觀念，不論順向的或逆向的，他們只是在學習語言時，學會了如何由語言去到達觀念，然後再映射事物。因此幾乎一切觀念，在大多數人，都是逆向形成的。這也許可說是「觀念之學習的逆向形成」，而8001條的則可稱為「觀念之原發的逆向形成」，以資區別。

8004.本節在81條通論觀念之原發的逆向形成，在82和83條舉例明之。然後在第9條論觀念之學習的逆向形成。

81.通論觀念之原發的逆向形成

811.立名：名可標示觀念，因之也可賦予觀念，蓋二者所引致之名與觀念的關係同一，只是發生之途徑互逆而已。在卷三第一、二兩章，洛克論述了名之標示觀念。他先說明了具備標示觀念的條

件，即人有聲音與語文，⑱而語文又可以在人心中激起觀念。⑭其次說明為免於一物一字，觀念是需要被概括地標示，而語文又正可以概括地標示觀念。⑱然後再論概括名稱與抽象觀念之形成。⑱到這裡我們已經看到，不再是用語言來標示觀念，因為並無一個特別的事物，被標示的特別事物的觀念是抽象觀念，而是用語言來形成觀念，形成抽象觀念或普通觀念(general ideas)。⑱並且這形成正是8001 所說的逆向形成。——當然，有些事物不在被概括標示的範圍，這是由於它們常需被特別提到，反以給予固有名稱為便。⑱

812.純粹形成⑱　立名以後的工作可說是「純粹形成」。

由語文出發即可形成觀念，不必依賴外物，這即純粹形成。例如文字可以表示簡單觀念或複雜觀念的缺在，「空無」(nihil)、「無知」(ignorance)、「不毛」(barrenness)便是。⑲

純粹形成的可能性在於語文本身並無意義，⑲其意義是由人調動的。⑲又在於語文可以在人心中激起觀念。⑲所以當人所賦予的意義是人自造的時候，語文所激起的觀念便是純粹形成的。不過事

---

⑱　見 Essay Three, I 及 II。

⑭　見 Essay Three, II, 6 及 8。

⑱　見 Essay Three, I , 3。

⑱　見 Essay Three, III。

⑱　見 Essay Three, I , 3。

⑱　見 Essay Three, III, 5。

⑱　這詞非洛克本有。

⑲　見 Essay Three, I , 4。

⑲　見 Essay Three, II, 1。

⑲　見 Essay Three, II, 8。

⑲　見 Essay Three, II, 6 及 8。

實上無法自造意義，所以實際所有的純粹形成的觀念仍要借助於先行感入的觀念。但是它仍舊是純粹形成的，因為它要去映射那與感入的觀念在同一層的一個事物，可是在那一層並無它所要映射的那事物。——亦即，純粹形成也是逆向形成。其中，立名之前的一段是順向形成，即，由先行感入的觀念得名。接下去才是逆向形成的一段，即，由那名賦得觀念，再持此觀念以映射事物。但無此事物可被映射，故云純粹觀念。

82.純粹形成的一個例子：抽象觀念的形成

821.抽象觀念的形成過程

8211.順向形成的一段，由多數殊別事物，得一名稱，例如兒童由「媽媽」、「乳母」，得「人」這名。❿這時，在原來的殊別事物方面並無與「人」這名相應的觀念。「媽媽」這名的觀念是「媽媽」，不是「人」的觀念。

82111.這得名的工作是抽象。❿而抽象這工作的可能在於事物有相似的地方。❿

8212.逆向形成的一段，得名以後，此名賦得觀念，例如「人」這名賦得「人」這觀念。（也許得名與賦得觀念是同時的，如係同時，則這逆向的一段由有了觀念算起。）這觀念是抽象觀念。這觀念有其使命，所以形成的過程要包括這使命的賦予，而使這觀念成其為這樣的觀念。在這裡有了叉路。第一條路是讓這觀念去映射一個東西；第二條路是讓這觀念成為一個區別的標準，這得連帶地假定世上許多東西的觀念的一部分是和它一樣的，例如「媽媽」的觀

---

❿　見 Essay Three, III, 7。

❿　見 Essay Three, III, 6 及 9。

❿　參 Essay Three, III, 13。

念的一部分，「乳母」的觀念的一部分是和它一樣的；第三條路是
讓它去映射一個東西的某一部分，而這部分是使該東西成為該東西
者，亦即所謂本質；第四條路是讓它成為一個「類」。──第四條
路是這觀念自身成為一個叫做「類」的東西，這觀念還是這觀念，
只不過是取得一個身分，一個名義而已。第一條路卻是使這觀念去
映射一個東西，這個東西也許叫做「類」；在這裡，「類」不是這觀
念自身，而是這觀念所映射的一個東西。

822.抽象觀念的舉例

猶如簡單觀念之舉色、聲、味為例，色再舉綠為例，抽象觀念
也可舉類為例，類再舉人為例。[197]

也可舉「本質」為抽象觀念的例，[198]再舉「理性」為本質的
例。[199]

823.洛克認為第三條路是錯的，因為人實際上並不知道這叫做
本質的是什麼，[200]換言之，人沒這個經驗。不止如此，我們還可以
從理由上來斷定沒有所謂這種本質的東西。因為所謂本質是：(1)一
個東西的一部分；(2)這部分是使一個東西之成為該東西的。可是，
一個東西的任何一部分都是該東西之不可或缺的部分，對一個個物
自身而言，無所謂什麼主要條件。[201]所以最少第(1)點是無法滿足的。
第一條路也是錯的，這除了找不到這所映射的東西以外，也可以從
理由上來證明。因為這個東西是很不確定的，如其有之，可以是這

---

[197] 見 Essay Three, III, 12。

[198] 見 Essay Three, III, 14。

[199] 見 Essay Three, III, 10。

[200] 見 Essay Three, III, 17。

[201] 見 Essay Three, VI, 4 及 5。

樣的，又可以是那樣的，這就反證了事實上並無這個東西，有一處
原文可作為我這句話的出處："…which could not be, if the abstract
idea or essence to which the name man belonged were of nature's
making; and were not the uncertain and various collection of simple
ideas, which the understanding put together, and then, abstracting it,
affixed a name to it." ⓧ（按，這引文的最後五字似乎顯示名是附於
觀念上的，因之是先有觀念後有名稱了。不過細察原文，被名附上
去的是人抽象出來的，這抽象出來的未必即已是那觀念，雖然到後
來，可能在事實上，即是那觀念。例如我們見一個人刺殺他的父親，
這整個事情會有許多簡單觀念，我們從中抽出一些，然後賦予或生
起一名曰弒。到底是先有弒之名稱或先有弒之觀念，或二者同時，
是可以爭論的，但是「我們從中抽出的那些簡單觀念」尚非弒這觀
念，這是明白的。我們見一人刺殺老人，我們也可從這整個事情所
含的許多簡單觀念（甚至複雜觀念）中抽出一些來，但是我們至今
尚無一個抽象觀念，可證抽出來的那些觀念尚非抽象觀念。然而洛
克原文可表示為先有抽象觀念，後有名稱的，恐怕不止此處；也許
有的地方洛克真的是說先有抽象觀念，然後有其名稱。我想，我們
不必認為洛克的每一句話都是嚴格的、正式的 (official)。天文學家
一生中說「太陽出來了」的次數，我想遠超過說「地球又轉一圈了」
的次數。） 第二條路是對的，洛克認為，這條路的結果是使許多事
物歸為一類。ⓧ 第四條路也是對的，不過洛克本人也許沒有明文說
出。他的話是「在實際上，每一個分明的(distinct)觀念就是一個分

ⓧ　見 Essay Three, III, 14。

ⓧ　見 Essay Three, III, 12 及 13。

明的本質。」❷❹這裡所指本質是名義本質，而名義本質即類。❷❺

824.事實上洛克把抽象觀念的二個例子放在一起來談，而為「類的本質」， 不過這種方式是洛克所要反對的。他認為抽象觀念只是「類」，而不是「本質」。反過來說，「類」只是抽象觀念，而不是「本質」。 如果人硬要說「類（或種）的本質」這樣的話，那麼可以用二個名詞，「實在的本質」和「名義的本質」，而說「類的本質是名義的本質」，❷❻但是名義的本質只是抽象觀念。也許可以這樣說，一個抽象觀念本身是一個觀念而已，但是它可以有「類」這個名義；而一個事物的觀念如果有符合某一個抽象觀念的部分，這部分就叫這事物的名義本質。因此，說，凡屬某類的事物都有這個類的本質，其實只是說，凡屬某類的事物都有和叫做這個類的一個抽象觀念符合的地方。❷❼

825.抽象觀念既是逆向形成的，則它的形成是出於人的意思，是隨人意而形成為如此的一個觀念的。❷❽（按，順向形成的也有可以是任意的，如模態觀念。） 那麼，人為什麼要形成如此的一個抽象觀念而不是形成如彼的一個觀念呢？這取決於人的需要，即，人對類名的需要。所以類是人定的。❷❾類名的用處在於省卻麻煩，免得一一列舉事物。❸❿但這並不是說事物自身有普遍性。總相(general)

---

❷❹ 見 Essay Three, III, 14。參 VI, 18。

❷❺ 見 Essay Three, III, 15。

❷❻ 見 Essay Three, III, 15。

❷❼ 參 Essay Three, III, 16。

❷❽ 參 Essay Three, III, 13。

❷❾ 參 Essay Three, III, 13。

❸❿ 見 Essay Three, III, 10 及 20。

和共相(universal)只是人心的產品。㉑

826.總結來說，抽象觀念就它自身來說，它是人心任意的純粹形成，其形成過程的末段是逆向的，就其應用來說，它成為「類」，它成為名義的本質。而且它符合本質之所以成為本質者——不生不滅。㉒因此，連帶地（其實也許正是洛克的目的所在）顯示了本質應該是什麼，即，本質應該是抽象觀念，因為有資格可為本質的只有抽象觀念。㉓

827.《認知論》卷三第八章論抽象的詞與具體的詞。這章所說的正好可以用來指出抽象觀念之未能映射事物，亦即指出第一條路和第三條路是錯的。首先，是一個主體才能說它是什麼，不是一個主體就無法說它是什麼。其次，當這等「是什麼」成為觀念的時候，它所映射的是發自一個主體的能力 (power)，再間接涉及這個主體。這觀念無法映射一個跟它自己同名的主體來。所以我們無法說「抽象觀念甲」（例如，人性）是「抽象觀念乙」（例如，獸性）。㉔如果有「抽象觀念甲是抽象觀念乙」的句子出現，那只是說「一個符合抽象觀念甲的也是一個符合抽象觀念乙的」，例如說「一個人是白的」，是說「一個符合人這個抽象觀念的東西也是一個符合抽象觀念白 (whiteness) 的東西」。㉕這個人的名字是，例如，彼德。所以「人」以及「白」都未映射一個與它們自己同名的主體來。也許抽象觀念也有可以映射到一個與它同名的東西的，例如 whiteness 可

㉑　見 Essay Three, III, 11。

㉒　見 Essay Three, III, 19。

㉓　見本書第160頁。

㉔　見 Essay Three, VIII, 1。

㉕　參 Essay Three, VIII, 1。

以映射 the white（原文為 white，依 Fraser 的注解的意思，改為 the white），㉖但這時之 white 是形容詞，指謂彼德，與 whiteness 不同名。所以 whiteness 所映射的東西仍與它不同名。㉗（按，洛克本來的話是：「簡單觀念可以有抽象的名又可以有具體的名，抽象的名按文法講是 substantive，具體的名則是 adjective，如 whiteness, white」。㉘ whiteness 怎麼會是簡單觀念呢？也許這是因為他視簡單觀念為抽象觀念，例如這桌子的顏色可以說是由這桌子這個東西抽象出來的。㉙）—— 以上可以表示第一條路錯了，抽象觀念可以映射一個與它不同名的主體，反過來說，如果是一個可被映射的主體，那它會有一個與它不同名的抽象觀念。要是沒有的話，就表示並無這一個主體。而我們對於主體義的體(substance)，並無抽象的名，因之也無抽象觀念。㉚也就是我們對這個主體義的體並無認識，我們不知道它是什麼。—— 這可以表示第三條路是錯的，雖然第三條路是映射本質，而不是主體義的體。㉛

83.純粹形成的又一個例子 —— 字間觀念的形成

831. 在卷二第六章洛克將知覺或思維及意行或意欲列為心靈的二大主要動作。然後他舉出應該是屬於知覺或思維的項目（原文為，模態）：記憶、分辨、推論、判斷、知到(knowledge)、信仰。

這裡所云動作(action)是「以感入於心靈的觀念為工作對象」的

㉖　見 Fraser 注釋的 Essay, Vol.ii, p.102, N1.

㉗　參 Essay Three, VIII, 2。

㉘　見 Essay Three, VIII, 2。

㉙　參 Essay Two, XXXI, 12。

㉚　參 Essay Three, VIII, 2。

㉛　在 Essay Four, VII, 9 及 VI, 11，洛克所舉三角形也是純粹形成的觀念，而且也符合層遞論，同樣也有前後二段。

工作。⑫工作的成品的内含，或説成分，有仍不外當初被動作的觀念的。記憶的成品自不必説；分辨之所得是自被心分辨者分辨而得，所以其成分是當初的觀念；推論是自這些觀念推論另外一些觀念，但這另外一些觀念，也是先已存在於心上的；判斷對被判斷者並無所增加，如有增加，這判斷的工作自身是錯誤了，所以判斷的成品仍是被判斷的對象。知到(knowledge)本譯知識，知識是心靈的成品的一個類，現在是作為心靈動作的一項，故譯為知到（類比於看到、聽到、聞到）。　知到這動作的成品仍是被知到的對象。信仰這動作的成品仍是被信仰的對象。

　　工作的成品的内含，或説成分，有外於當初被動作的對象（即觀念）的。例如，判斷以後會作一種評價，如云「對」、「好」，這評價也是判斷的成品，但並非當初被判斷的對象。又如心靈有「談論」這一動作（按，洛克本人未提明這個動作，可是事實上他已經接觸到），這一項動作的成品包括文法上所謂質詞(particles)，例如「但是」。「但是」並不是這動作當初的對象。（按，這項動作的全部成品是些什麼，因為洛克本人並無這一論題，可不必論及。）

　　同為「不是當初被動作的觀念」又有分別，即：是否必須出現於文字（或語聲）與文字之間。質詞必須，「對」、「好」則不必。

　　這個分別有其意義，即：必須者，為質詞、要有文字語言，才有觀念，例如要有「但是」一詞，才有「但是」這個觀念，雖然二者似難謂誰先誰後；不必者，則不需文字，觀念可以自存，例如，「對」、「好」，雖然事實上它們已有文字。

　　而這個意義，其自身又有意義，即：「對」、「好」這等觀念之有文字，是觀念之以文字表達、標示；而「但是」這等觀念之有文

⑫　見 Essay Two, I, 1。

字，這文字的功能是在形成觀念，所以質詞這等觀念之形成是逆向的。

現在，質詞及其觀念只出現於文字與文字之間，在其他地方並無存在，因此這等觀念的形成是純粹形成。

質詞這類觀念我稱之為字間觀念。字包括由字組成的句子。

832. 洛克在《認知論》卷三第七章論質詞。原文有一句子，"those words which are not truly by themselves the names of any ideas …"，❷這句子表示質詞的觀念是觀念又不真的是觀念，❷而這即表示它們是純粹形成的觀念。又有表示這等觀念是思想所建立的，是心靈的動作所建立的，如 "They are all marks of some action or intimation of the mind; and therefore to understand them rightly, the several views, postures, stands, turns, limitations, exceptions and several other thoughts of the minds,… are diligently to be studied." ❷其中虛線部分是 "for which we have none or very deficient names"，這是不是表示「質詞這類觀念仍是先有觀念後有名稱」呢？不。我看，這正足以表示它們是無文字即無觀念，因為原文之「names」改為「ideas」照樣成立。

9. 論觀念之學習的逆向形成

91. 由簡單觀念的名稱所到達的觀念

洛克在卷三第三章列舉簡單觀念的名稱的一些特點，這即顯示

---

❷　見 Essay Three, VII, 2。

❷　C. B. Martin卻解釋為質詞之名不是觀念之名（見 Martin & Armstrong ed., *Locke and Berkeley*, p.2），於是質詞不是觀念了。這正表示他不知這章的用意。

❷　見 Essay Three, VII, 4。

由簡單觀念的名稱所到達的觀念是怎樣的，因為這章的題目是：簡單觀念的名稱，所以他的目的就是要由名稱說到觀念，這些特點如下：

911.由簡單觀念的名稱可到達觀念，再到達一種實在的存在，㉖這即是說簡單觀念可以映射實物。

912.由簡單觀念的名稱可以到達一個東西的名義本質和實在本質，㉗也即是可以知道它符合於某一種屬的地方。並且知道它本身是什麼，是怎樣。

913.簡單觀念的名稱是不能定義的。㉘這即是說簡單觀念之「是什麼」是感入而知的，不是說明而後知的。

914.簡單觀念的名稱是最少疑義的。㉙這表示簡單觀念的名稱所到達的觀念是感入的，因之是確定的。

915.簡單觀念們沒有什麼等級，色也許比白、紅高一級。不過這只是貌似而已，實際上色並非簡單觀念之一，色是表示白、紅進入人心的途徑，表示它們是由視官感入的。㉚——這裡有一個大問題，容俟日後再論。

916.簡單觀念的名稱是不能任意的。㉛按，其實洛克所要說的是一個簡單觀念要到達那一個觀念，這點是不能任意的。——這表示是由名稱到觀念，是觀念的學習的逆向形成。

㉖　見 Essay Three, IV, 2。

㉗　見 Essay Three, IV, 3。

㉘　參 Essay Three, IV, 4～11。

㉙　見 Essay Three, IV, 15。

㉚　參 Essay Three, IV, 16。

㉛　見 Essay Three, IV, 17。

92.關於簡單模態的，和簡單觀念的差不多。㉜——按，這表示一個簡單模態實際上也是一個簡單觀念。而這是因為一個簡單觀念也是一個簡單模態，例如某個綠色就是綠色的一個模態。

93.由混雜模態的名稱所到達的觀念

931.所到達的觀念是人心所形成的。㉝這即是說，不是感入的。

932.混雜模態的名稱是概括的,因之所到達的觀念是抽象觀念,這觀念所到達的是種屬的本質。㉞

933.混雜模態的名稱所到達的觀念是什麼樣的,這點並無模型,而是隨人心任意為之。㉟這即是說到達不了實在的存在。㊱到達不了實在的本質。

934.先有其觀念，觀念所要映射的事物其後才發生。㊲按，甚至會永遠都不發生。

935.混雜模態的名稱所到達的觀念（種屬、本質）是由該名稱所維繫住的。㊳——這似乎顯示名先於觀念，最少是同時。後來，他明說是名先於觀念，不過這是指學習語言說。㊴這也表明學習語言是逆向的形成觀念。

936.現在要說的這個特點其實出於洛克的誤會。這特點是，混

㉜　見 Essay Three, IV, 17。

㉝　見 Essay Three, V, 2 及 12。

㉞　見 Essay Three, V, 1。

㉟　見 Essay Three, V, 3 及 8。

㊱　見 Essay Three, IV, 2。

㊲　見 Essay Three, V, 5 及 6。

㊳　見 Essay Three, V, 10 及 11。

㊴　見 Essay Three, V, 15。

雜模態的名稱常能表示它們的實在的本質。⑳按，所謂本質本來是就觀念所映射的事物言，如「桌子的本質」；　而不是就觀念言，如「桌子的觀念的本質」。　但是洛克在這裡以「觀念的本質」為本質了。他在這裡所說的只是「混雜模態的觀念能表示這觀念自身」，這樣說來，凡觀念都能表示實在的本質，何止混雜模態的，因為凡觀念都能表示其自身，如果不能就等於心中沒這觀念。（不過，觀念也可以是事物，在洛克。故可說仍無誤會。）

94.由關係的名稱所到達的觀念

比照混雜模態的。㉑

95.由體的名稱所到達的歡念

95001.這裡指物體義的體言。而且所說到的似乎只是單一的體。

951.首先，由單一的體的名稱（並未經過觀念），可以到達一種實在的存在。㉒──我想，即由這個名稱便可以說這個名稱是指謂一個東西。但這東西是什麼樣則不能由名獲知。

952.其次，由單一的體的名稱，可指謂一類的事物來。就算這個名稱是「日」，要是有第二個日，它就可以指謂。㉓

953.但是，我想，「日」這個名稱所到達的觀念是另一個或另幾個混雜模態所到達的觀念。這觀念是抽象觀念，可視為名義本質。靠這觀念才能使許多個別的體歸於「日」這名之下，如其有之。──按，卷三第六章論體的名稱，亦即由體的名稱到所到達的觀念，是相當長的一章。其中所說的是，體的名之到達種屬觀念、名義本質與實

---

⑳　見 Essay Three, V, 14。

㉑　見 Essay Three, V, 16。

㉒　見 Essay Three, IV, 2。

㉓　見 Essay Three, VI, 1。

在本質的區別、種屬的闡明、名義本質的闡明，所說的多已見於本文之第 82 及 93 條。亦即論抽象觀念或論混雜模態之時都會論到。

954.單一的體的名稱所到達的（按，實際上是混雜模態的名稱所到達的）觀念，亦即種屬的觀念，是很不確定的，因為它是人心隨其目的而定的。**❹** ── 所謂不定，指這種屬要包括那些個體是很不一定的，換言之種屬觀念的內容是很不一定。

955.這種屬的觀念所能映射的個物愈多，則這觀念的內容愈少，亦即愈不完全。**❹** ── 按，我想每個種屬的觀念對它自身言都是完全的。如照洛克這樣說，一個種屬觀念如果完全，它只能映射一個個體。

第二部分　檢討及其他

第一節　檢討洛克形成觀念這工作

11. 在以上第一部分所看到的主要是觀念之如何在層遞的等級中被建立。不過觀念之形成除了這層遞論以外尚需形成觀念的能力、心靈，以及世界的存在。

12.對於這三者之一，形成觀念的能力，洛克是論到了，只是似乎並未給予適當的比例，也沒有像層遞論那樣有個組織化的處理，以致有相當不清楚的地方。例如知覺有時候被他等同為思想，**❹**有

---

❹　見 Essay Three, Ⅵ, 26 及 25。

❹　見 Essay Three, Ⅵ, 32。

❹　見 Essay Two, Ⅸ, 1。思想是觀念，有 modes。

時候卻只是知覺，而且感覺竟然是思維的一個模態。**⑳**此外，知覺本身又有個三重的分類。「知覺，我們以它為認知力的動作，有三種：⑴對在我們心中的觀念的知覺；⑵對於記號的意義的知覺；⑶對於在我們的觀念中間的連結(connexion)或反對(repugnancy)，契合(agreement)或不契合(disagreement)。」**⑳**以致他在卷二用的是⑴，在卷三用的是⑵，在卷四用的是⑶。**⑳**此外，這些能力是不是也是觀念？就一方面看，洛克不把它們列為觀念，因為他把那討論這等能力的三個章，卷二的第九、十、十一這三章，安排在討論簡單觀念之後，討論複雜觀念之前。**⑳**可見既不屬簡單觀念，也不屬複雜觀念。但是就另一方面看，他們是觀念。他說：「知覺是人心運用觀念的第一種能力，因此，知覺這個觀念是我們反省之後所得到的最初而最簡單的一種觀念。」**⑳**那麼，知覺是簡單觀念。然後他在討論複雜觀念的時候，闢一章，卷二第十九章，來論思想的模態。這是作為複雜觀念的能力了。當然，能力本身是能力，能力之被知才有所謂能力的觀念。只是洛克並未交代這點，可見他未加組織。而且所謂能力的觀念會不會是能力的產品的觀念呢？

13. 對於心靈，他並不是沒有說到。他說到思維並非心靈的本質，**⑳**說到心靈之為非物質的體，**⑳**接觸到心物關係的問題。**⑳**但

---

⑳　見 Essay Two, XIX, 1。

⑳　見 Essay Three, XXI, 5。

⑳　見 Fraser vol. 1, p.314, N5。

⑳　見 Essay Two, XI, 14。

⑳　見 Essay Two, IX, 1。

⑳　見 Essay Two, I, 10。

⑳　見 Essay Two, XXIII, 15。

⑳　見 Works, i 593 (1801 ed., iv 469)引用於 Aaron, p.146。

是對於心靈之作為「知覺觀念者」（此時 mind perceives the ideas），及作為「放置觀念者」（此時 mind contains the ideas，是 the place of ideas），㉟似乎少有說到。這方面才是與觀念的形成最有關係的。此外，《認知論》討論了人的同一，㉟可是他是為「關係」這複雜觀念舉例，而不在論述認識的主持者。——事實上，在《認知論》的 Introduction 2 洛克已表示不討論心靈及其能力。

14.按照 Aaron 的看法，人必須越過感覺去認知實在，而洛克認為是如此。㉟而且人也知道了實在，例如初性。㉟這看法可能是有爭論的。不過就算這看法正確，洛克仍是沒論到實在的存在，因為充其量，這只是未能分別性質與性質的觀念。㉟洛克只是假定外物的實在存在。㉟他有什麼保證嗎？洛克似乎要訴諸觀念的清晰。如果確有外物，確有外物的觀念之被感入，觀念的清晰便可作知識的判準。但是如果再以觀念的清晰來保證外物的存在，那恐怕是循環論證了。而且，個物的實在本質，他認為是人不知道的，那就更難保證外物的存在了。不過這可能不止是洛克一個人的問題，而是哲學者共同的問題吧。

15.也許洛克依他的歷史平法(historical, plain method)，不必討論心與物的實在吧。

21.他的層遞論是合理的。因為觀念是時在增進的，但世界卻是

㉟　見 Aaron, p.106。

㉟　見 Essay Two, XXVII。

㉟　見 Aaron p.124, I。

㉟　見 Aaron, p. 125。

㉟　見 Aaron, p.116。

㉟　見 Aaron, p.109, I。及 Fraser, Vol.i, lxxxvi。

一定的，也即所感入的簡單觀念是一定的。不過在細節方面，有不合理的地方。例如：1.簡單觀念與簡單模態似乎同一，可是模態是複雜觀念；2.什麼叫做「外內感入」；3.內感入的觀念是簡單的還是複雜的?因為在簡單觀念的地方他沒有舉出內感入的觀念的例子，到了舉出時卻已在複雜觀念了；4.是感入的，但卻會舉不出來；5.「聯續」與「能力」這二觀念都是層遞而得，但是他又把它的出現當作是外內感入的；6.位置與形相是模態還是關係?

22.其次，有也許不合事實的地方。例如：1.「存在」與「單位」似乎不是感入的而是層遞的。因為「有太陽」與「太陽存在」，雖然所指事實同一，觀念是那幾個卻不一樣。「有太陽」與「太陽是一個」亦然。2.要有綿延的觀念，只要在底層有一個觀念就行，不必一定要有二個以上。3.我們所感入的是「一個東西」，而不是一個顏色、一個形狀、一個什麼什麼，再團結為「一個東西」。

23.所以我想可以說層遞論在原則上，通；在事實上，難。在技術上，難。

24.就一方面言，洛克的觀念的分類使得他的層遞論可以窮盡一切觀念，因為各類觀念不在底層就在上一層或更上一層。他所舉出的各類觀念的個例也都能顯示為在層遞論之中。只是他舉出這些例子，是否足夠，也許是個問題。（例子當然不窮盡，不過舉得夠不夠，又是另一回事。）

25.將觀念分為簡單的與複雜的，這樣是窮盡了，凡觀念必居其一。將複雜觀念次分為模態、關係、體，這次分就不見得窮盡了。有什麼理由可以說它是窮盡或不窮盡呢?

26.單複之分配合了層遞論，則凡是複雜觀念都可以說是「哪些哪些觀念們的複雜觀念」，或「哪些哪些觀念們由哪些動作得來的

複雜觀念」。 可是事實上發現有一些不能這樣說的觀念。所以是簡複之分不能窮盡了。而應該改為「原始的」與「緣起的」。⑯「緣起的」就不必一定是「哪些原始觀念的」了。或是分為「順向的」與「逆向的」。「順向的」可以是「誰的觀念」，而「逆向的」則是「給誰的觀念」。因之，也可以不給誰。「緣起的」可以外乎「原始的」，「逆向的」可以外乎「順向的」。 字間觀念便是緣起的與逆向的。——所以如果問到洛克形成觀念的原則是否能窮盡觀念，答案是，大體上能，換言之，細節上不能。如再問到這原則完備不完備，答案是，大體完備。因為它雖然事實上含有「緣起的」與「逆向的」，可是洛克並未自覺。

27.說到「窮盡」，觀念們可分為「已有的」及「應有的」二類，洛克建立起來的觀念充其量只能窮盡已有的觀念，不能窮盡應有的觀念。因為最少有一類觀念洛克認為無法建立，即，一個東西的實在本質或實在組織。（按，洛克本意應是並無實在本質，而實在組織尚未確知。）

31.如果可以修正洛克的說法，我想有二件事可以做。第一是觀念的分類改採 21001 的。這樣可以免去簡單觀念又即簡單模態的毛病。因為在這毛病中的所謂簡單觀念，實際上是一個類名，例如藍色，所謂模態則是藍色的一個個例，即某種深淺的藍色。又如空間與時間亦然，所謂簡單觀念的空間是一個類名，某一處空間則是一個個例。可是洛克不察，引致簡複之分不能固守的批評。⑯如果改採 21001 的，便可以把這些所謂簡單觀念置於普通觀念項下。但是，如此一來，層遞論還能固守嗎？所以，第二要修改層遞論。這時，

---

⑯　見 Essay Two, XXI, 73 及 Aaron, p.171N。

⑯　見 Essay Two, XV, 9 及 Aaron, p.112。

在下層的仍是簡單觀念，可是，是真正的簡單觀念，而不是被誤認了的普通觀念。而真正的簡單觀念即模態。在上層的則未必是複雜觀念，而可以是關係或普通觀念。這樣，保留下來的層遞論保留：⑴必須有上下二層，⑵下層要有多數的觀念，這二點，而新加⑶上層是由組合下層而生起，或由挑選下層而生起（例如挑選了一種藍色），❷❻❸或由下層的緣故創造而生起。——由於有挑選這一項，所以在上層的動作也可以是感入，即挑選而感入，或感入且挑選。這般修改以後也許可以避去大部分的毛病。

41. 現在來看看觀念的形成這個工作在洛克認識論中的地位。Aaron 認為洛克的經驗論之所在只在於「感覺的及反省的經驗對於人類的知識是 essential」。❷❻❹如果等同組合論(compositional)與經驗論，那是錯的，❷❻❺因為⑴簡複之分不能固守，甚至簡單觀念這個概念就是不清楚的；❷❻❻⑵有非組合而得的複雜觀念，例如空間、❷❻❼思維的模態、❷❻❽關係的觀念、普通觀念。❷❻❾現在，層遞論能包容組合論且避去組合論的缺點，那麼，由層遞論而達成的觀念的形成這個工作在洛克認識論中的地位如何呢？在於它提供一個架構、一個方法、一個程序，讓洛克可以到達他的經驗論。它有實際上的、技術

---

❷❻❸　O'Connor 的 determinables 與 determinates（見O'Connor, *John Locke*, 2nd ed., p.105）似乎可以用在這裡。

❷❻❹　見 Aaron, p.115, II。

❷❻❺　見 Aaron, p.110。

❷❻❻　見 Aaron, p.111。

❷❻❼　參 Aaron, p.112。空間是簡單觀念，但卻是組合的(2. 15. 9.)：易言之，是複雜觀念，卻非由組合。

❷❻❽　見 Aaron, p.113N。

❷❻❾　見 Aaron, p.113。

上的困難。它也沒有示當 (justification)，只是記述而已。不過它的地位既然只在於作為一個架構，這地位也就不受這些困難的影響了。也即，它仍可保住它作為一個架構的身分。J. L. Mackie 有一句話說：「在讀洛克的時候我們不必去對那些構成他的觀點的字眼的確義太挑剔，我們應該略過這些字眼去到達他所掙扎以成的觀點的實體。」❼這話也許可借用於此。——借用它來表示洛克並不自求用字的確義，只求架構。但是研究他的人，我想卻不可如此。

此外，Aaron 又以為 idealism 也不是洛克的經驗論所在，只是經驗論的外衣、的所從出。❼這話我想可分二方面講：⑴一個人花錢多，為了表示大方，可說花錢多不是他的目的所在，只是他的目的底表現的憑藉，所以 idealism 之於經驗論亦然。⑵如果這人所要表現的是「花錢大方」，那麼，雖然「花錢多」之於「大方」仍只是「大方」的表現之所憑藉，但是「花錢多」卻是不可少的。現在洛克所要表現的是人類知識的經驗論，所以儘管 idealism，甚至層遞論，之於經驗論，只是一個憑藉而已，卻是不可少的。合觀這二方面，可知洛克所要的只是 idealism 以及層遞論的架構。所以細部的疏忽是可以想見的了。

第二節　觀念的形成是《人類認知論》的要素論題

《人類認知論》內含四卷：

---

❼　見 J. C. Mackie, *Problems from Locke*, p.5。

❼　見 Aaron, p.115。

卷一論既無天賦原理也無天賦觀念；

卷二論觀念；

卷三論字；

卷四論知識與或然性。

其中卷四論知識，而知識乃觀念的連結，而卷二論觀念，自係觀念的連結的先行。卷一否定天賦認識為卷二之消極面，與卷二亦屬貫串。卷三第九章以後論如何避免語言對獲得正確的知識的障礙，第一章至第八章可云為先行工作，於是卷三謂為卷四的輔助似尚合理。

但此書所論題目頗多，如

觀念	固體性	知覺
觀念的保持(retention)	空間	時間
數	無限	體
抽象觀念	關係	初性與次性
力量	人格的同一	自由
道德	語言	知識
真理	判斷	或然性
同意	理性	信仰
狂熱	上帝的觀念	等等

這許多自然都是知識的項目；不過，是否為各卷題目所必需，尤其是是否為洛克所揭此書目的，研究人類知識的起源、確實性、範圍，以及信仰、意見、同意的基礎和程度所必需？[272]就算必需，

---

[272]　見 Essay, Intro. 2。

它們的分量是否適當，也是問題。例如論力量的一章長達七十三節，已是自為一個專題了。明顯自為專題的有好幾個。其他題目經過歷來學者們的一再討論也成為《人類認知論》所含的專題了。專題如此之多，幾乎使《人類認知論》成為一本哲學概論。不免使人覺得此書內容與此書名目並不相應。洛克對這一點要作怎樣的交代呢？

洛克在全書的最後一章，學科的分類，將學科分為三種：物理學、實踐之學、標記之學。《人類認知論》是認識論，認識論的一般目的在指出如何得到正確的知識，所以他把他認為必須闡明的正確知識闡明出來，因而對這三個學科作了許多專題討論。可是他並未將《人類認知論》的主幹認識論放在學科的分類裡，也許他認為它是一個後設的(meta-)學科，跟那三科不在同一層次。這書其實包含了四門學科，而以認識論這科含攝其他三科，因之含攝這三科的專題。而他之所以讓它們成為專題是因為他要使它們一一成為正確的知識。❽所以雖有專題，並非分立。可是由於洛克未列出認識論這科目來，反使其餘三科無從被含攝，而呈專題分立之態了。

其次，《人類認知論》這書的認識論這科本身也有專題分立之勢。例如，天賦認識的爭論是一專題（卷一），各類觀念的敘述是一專題（卷二），字詞是一專題（卷三），知識及其相關者也是一個專題（卷四）。它們在各自的題目下進行敘述，各成可以獨立的篇章。其中論字詞這專題又內含幾個專題：字詞的特性，各類觀念的名稱，質詞，抽象與具體的詞，觀念的形成的障礙及其掃除等。於是，在《人類認知論》這書看不到一個可以叫做洛克的認識論的形式、系統或組織，因之看不到一個它的面貌。這個現象又如何處理呢？我想，這許多專題是認識論這科的題材。主題則是研探人類知

❽　見 Essay Two, XIII, 28。

識的起源、確實性和範圍，以及信仰、意見和同意的各種根據和程度。題材並未規範於主題本來可以頒下但未頒下的形式之中，洛克只是把它們堆置起來而已。不過，它們卻能夠達成主題。這是因為主題的各方面都可以由「觀念是怎樣形成的」這個題目得到解答。各題材本身是「觀念由經驗形成」這件事的陳述。也就是「認知力從何處得到一切觀念，觀念又由如何途徑，如何等級進入人心。」[274]而這件事之為如此如此的一件事，即已不言而喻地說出了主題各方面的答案。這種達成主題的題目我想可以叫做「要素論題」。現在，《人類認知論》的認識論的要素論題是「觀念的經驗地形成」。卷一是這個要素論題的消極面，卷二是積極面，卷三是積極面的另一部分（觀念的逆向形成）與消極面的另一部份（觀念的形成的障礙及其掃除）。而卷四是觀念的連結，係要素論題的利用。所以認識論這科所含各種專題都是同一個要素論題的部分，雖然散漫，卻相關於主題。

　　借助於要素論題我們也才可以窺見《人類認知論》的相貌。窺見相貌以後我們才能發現原來洛克對於觀念的建立這件事只是說明了它是怎樣怎樣的一件事，以及舉例。並無對這件事的「理由」的提出，亦即，並未對這件事之所以為這件事提出任何理由來。他的根據是訴諸各人的內省。（當然理性論者也可以說他是根據內省，只不過內省的結果不同。）

　　也由於要素論題的發現，我們看到，一般而言，論述《人類認知論》的著作，有下列情形：

　　1.作《人類認知論》全書介紹者，未能涵蓋全書，但對其未能涵蓋全書並無可資交代的原則。——如果他們發現《人類認知論》

---

[274] 見 Essay Two, I, 1。又見本文第 002 條。

包含四門學科，四科之中以認識論為主，其餘三科則做為認識論所當提出或澄清的正確知識而被安排於《人類認知論》， 但多成為分立的專題，則對於未將它們全部涵蓋，便有交代的原則了。

2.作《人類認知論》中之專題討論者，多有使該題目脫離於《人類認知論》一書的範圍的趨勢，且著重於以現代的學問去較量它。 ── 這因為他們未發現《人類認知論》中題材與主題的關係。《人類認知論》的題材雖多自成專題，但專題的深度與廣度以「要素論題」所需為限；除非那題材並非以「要素論題」為標的，而是作為被澄清的題目。所以，如果離開《人類認知論》而論它所陳述到的專題，當然可以力求各專題之深廣。但是以此批評《人類認知論》，似乎就不大公允了。

他們的缺失，最顯著的且最普遍的在忽略了卷三第七、八兩章，以及未能見到卷三也在做觀念的形成工作。⑳其次是未發覺第一論

---

⑳　例如：Normann Kretzmann 的 "The Main Thesis of Locke's Semantic Theory" 一文未談到觀念的形成，也未談到卷三第七、八章。── 此文收入 Tipton 的 *Locke on Human Understanding*, pp.123～140。J. D. Mabbott 的 *John Locke*的 "Language as a Source of Error" 一章中曾提到由於字義的另解而使之指謂一物（p.97之（f）點），但所舉出來的卻是關於能力（卷二、第二十一章第六節），是字的濫用（卷三第十章第十四節），不是卷三的第三、六章。此外，對第七、八章也無所及。J. Bennett 在 *Locke, Berkeley, Hume* 中的第一篇 "Ideas and Meaning" 將純粹形成、逆向形成只作為「分類」(Theory of Classification) 看。雖然有一、二句話提到卷三第七章的 particles，但仍是作為「分類」看，而且覺得洛克有點怪。── 見該書 pp.11～20。J. L. Mackie *Problems from Locke* 中的 "Abstract Ideas and Universals" 這章，所論的只是字(word)、意義(meaning)、殊別(particular)與普遍(general)的關係而已。

題的第一路線，以為洛克在那裡只是在討論「思維並非心靈的本質這一點」。㉖

《人類認知論》卷三明明白白是論語言，說它也在做觀念的逆向形成，也許需要一些文獻上的根據。首先在卷三第八章第一節的第一句話是：「語言中的通常的字，以及我們對它們的普通用法，會顯示我們的觀念的本性，如果我們注意考究它們的話。」其次，看看此卷目錄，前兩章說的是語文對觀念的功能，第三章是對普通觀念或抽象觀念的功能，第四、五、六章是名稱對各類觀念的功能，第九、十、十一章則是如何防患語文對觀念的不良影響。但是第十章論質詞，第八章論抽象的與具體的詞，這只是論語文了，與觀念的形成無關了。其實不然，前文已見，不用再說。

此外，我們可以考慮他的動機，他為什麼在一本認識論的書插上專論語文的一卷呢？固然記號學是他所列三學科之一，可是其他二科並未列為專卷。而且如果是專為記號學立一卷書，寫法和安排應該不是如此。所以我想他的動機在於觀念，他總覺得語文對觀念的形成很有影響，但是「逆向形成」、「純粹形成」這二個意念尚未出現在他心中，他自己好像還沒把握到，所以他寫出來的仍是論語文了。

在 Fraser 注釋的《人類認知論》，每卷之前有一個「大意」(synopsis)。卷三的「大意」說到這卷是卷二的補助。這，也許可以支持我底看法。

㉖　Aaron, p.143 即是一個例子。

㉓　洛克以為並無共相「各種事物的存在都是殊別的 3.3.11。」至於本質，
洛克話分三頭：⑴持本質說者事實上無法指出什麼是本質。⑾他們自
認這是無法知道的 3.3.15, 3.3.17, 3.6.9。即使知道了，所知道的也非
所謂本質，因為「各個體中所含的任何性質都是那個個體所必需的，
或則是全非必需的 3.6.5」；⑿在事物中，並無任何「固定的」3.3.14，
殊別物是變異的，甲總是在向乙轉變之中 3.3.14 及 19；⒀定義只是字
的，而非事物的 3.3.10。（12 與 13 是他先已認為並無普遍者的後果）
⑵根本無所謂本質這種東西，只有歸類這件事情 3.3.19 及 9.14.12.13,
3.6.4。而歸類之可能在於自然界的事物有所相似 3.3.13，及人的抽象
能力和文字的功能 3.3.1 至 9，不在於本質。⑶如果硬要說本質，那麼
不妨將就稱所謂本質為實在的本質，稱用來歸類的觀念為名義的本質
3.3.15。三頭之中，2 是正面的。

在《人類認知論》洛克是在處理所謂共相問題與本質問題，而不是在
提出他所認為的共相是什麼、本質是什麼。我想這是一個重要的關鍵，
否則難免在大處誤解了他。事實上這誤解很容易發生，因為他自己的
話大多像是在指出他所認為的共相和本質是什麼。明顯的有「普遍者
和共相是認知力的發明或創造 3.3.11」，「同樣，任何事物如果不具有
人種的本質，則不是人，也無權屬人種 3.3.12」，「附有名稱的那些抽
象觀念正是本質 3.3.19」。可是另有一些少數的話，指出並無普遍者與
本質。如「觀念〔所以〕成為普遍的，只在於它們被安排來表象許多殊
別的事物 3.3.11」亦即，觀念並非自身是普遍者。反之，觀念自身仍
是殊別的。（事實上在3.3.11，洛克有明文指此，即are…particular…even
those words and ideas…）又如「所謂種差的本質，並不是別的，只是
一些抽象觀念 3.3.12 及 13」，事實上即等於並無本質。這樣的話還見
於3.3.17 末句。（由於有這些話，我才能在 3 有「硬要」二字。）
O'Connor似乎可列為如此誤解洛克的一位作家。在《洛克》一書談到
共相問題時，他舉出實在論、概念論、唯名論，而以為洛克是唯名論
者，但是修正了唯名論，然而並未由此得到好處。他還進而指出洛克
的一些嚴重的缺點。例如洛克並未說明怎麼得到簡單觀念的普通觀念

（我們已看到普通觀念並非普通），以及 representation of, sign of, mark of, standing for, resemblance, 等字詞的曖昧。其實，洛克是什麼論也不是，而這些字詞毋寧是將就別人的哲學說的。在本質問題上，O'Connor 更是從以為洛克分本質為「東西的本質」及「抽象觀念」二種出發而落實到以為「當洛克說，在簡單觀念和模態，實在的本質和唯名的本質是同一個的時候，他真正該說的是本質的這一區別在這裡是不適用的。」因為簡單觀念只是觀念，談不上觀念和實在（實在的本質）的同一。（以上見該書 pp.132～146）在我看來，洛克所謂觀念，有時是事物的代表，但就其本身言，也是一種事物，所以將就別人的哲學，所謂事物底本質在此亦即觀念自身，於是才說二種本質同一了。

洛克為什麼要處理共相和本質問題呢？在消極方面當是在指出他所認為的錯誤。問題在積極方面是什麼。我想並非在於提出他所認為正確的共相和本質，而在指出某種觀念之如何形成（也因此出以語言論的外貌）。而這就是了解洛克的關鍵所在了。在這裡也可以看到要素論題的發現的意義。

第八章　認識論 (三)：知識與或然性

洛克《人類認知論》一書內含四卷，我以第六章〈洛克對天賦認識的爭論〉整理並評論其卷一。至於卷二卷三則以第七章〈洛克論觀念的形成〉為之，今再以本章對卷四作同樣工作，希望以竟全功。

現在這篇分四節進行。第一節以四個單元提挈卷四內容，第二節接著對這許多內容作結構性處理，然後在第三節陳述卷四所隱含或透露的論旨。最後在第四節作一些批評。在整個工作中，內容的提挈及結構性處理是對卷四論旨的探索可能有助益的。

由於我的寫作以分條編號進行，這或者可收條理分明之效，但是另一方面同位號相隔或遠，例如11與12相隔五頁，所以也許有全文貫串在視覺上不易明顯之弊，因此在這前言，為之摘要如下。

洛克《人類認知論》卷四有二十一章，其最後一章宜屬全書而非單獨屬於卷四，所以剩下二十章。這二十章分為四個單元。

第一單元包括：

第一章　提出知識這回事，兼及知識底分類。

其論旨在於指出知識是什麼回事。而這個指出有以下涵義：

1.先有觀念才有知識，但是知識並非觀念自身。

2.知識是直見的。所以知覺才是知論，記憶差可，而
想像、猜想、相信，則不是。

3.知識與認識有別。

第二、三、四章 檢討知識這回事。

所檢討的有知識的明白性的程度，知識的範圍，知識的實在性。

其論旨在於指出為什麼知識是知覺，由之釐清直覺、感覺、理性三者的作用及地位。其次在顯示知識的明白性的程度、知識的範圍與實在性這三件事跟觀念的關係，跟知覺的關係，因之顯示他所揭櫫的三大問題都與知識之為對觀念之間的知覺這個看法有關。也由此可見知識才是卷四重點所在，而不是命題。

第九、十、十一章 特論「存在」的三重知識。

第二單元包括：

第五章 提出「命題與真理」這件事。包括何謂命題、何謂真理，以及由命題到達真理的二個步驟，並及命題成為真理以後的用處。

其論旨在提出「知識」這事的另一面，即「命題」。 也是在指出「命題」乃知識的另一面而非知識本身。其次在為知識這事之能否確實與有用作辯護。

第六、七、八章 特論普遍命題之與真理；
公理之與真理；
瑣屑命題之與真理。

其論旨在指出命題之是否有用及其原因。並點明由命題到達真理之時所必須注意的事：要到達個別事物。

第三單元包括：

第十四章 指出判斷力施用的時機及何謂判斷。

第十五章 指出判斷力所憑的依據：蓋然性，即，觀念們的多半為真的契合。並指出如何去發現此等多半為真的契合。

第十六章 指出「同意」這事以及它與「判斷」的分別。
指出「同意」的程度。

第十七章 指出理性的地位。
（其中討論了三段式，但這是作為理性的事例，故從略。）

第十八章 指出信仰這事的地位。
再次指出理性的地位。

第十九章 指出「狂熱」及其地位。

這單元的論旨在於指出姑且名之為「非知識」（猶如非黑板之並非本來的黑板，但仍是黑板）的東西，並且估量它們的地位。

第四單元包括：

第十二章 指出知識之不是由原則來，而是來自觀念們之間。

第十三章 點出知識之分為不由己的與由己的。──這與知識之來自觀念們之間這點有關。

第二十章 指出引致錯誤的同意的因由。

這單元的論旨在強調知識之起於、在於：對象、對對象的觀念、觀念之間，而不是起於、在於：命題或原則或公理。

以上四個單元之中，第一第二這兩個單元處於相反的地位，因為知識的方向是由對象到達觀念然後到達觀念們的契合，而命題則是由觀念們的契合到達觀念而到達對象然後成為真理。第三單元則是跟第一單元立於對比的地位，因為知識與「非知識」是對比的。第四單元則是對其上三個單元所存在的一些問題或困難的澄清與補

救。如是，這四個單元互相有著關聯而結成一體。

透過以上結構性處理使我們看到知識、命題、與「非知識」三者各自所佔的地位。而這個地位的安排又表示一些意義：

1.命題是知識的反向，這使洛克能確保他的經驗論。因為如果命題是知識的正向，則人由原則可得知識，而理性論便有可能了。

2.判斷與蓋然性並未被列為「不是知識」，而是「非知識」。這表示他並不因為人必須判斷，必須依賴蓋然性，而企圖追求形上知識，因此也確保了他之為經驗論者。

3.可是代之而至的卻是他之容許宗教的知識。——啟示是自然的理性。❶

另一方面，由觀念如何到達世界這一個論題，在這個結構裡並未得到安排。充其量他只是談到這一問題的「應然」而未及於「實然」。雖然這似乎是一切哲學者都有的缺陷，但是仍舊應該指出來。尤其是，這表示這樣的問題對於經驗論者一樣是問題。其次，由於他也有「知識」與「非知識」的區分，使我覺得對於「知識是什麼」這一問題的看法，洛克仍舊是傳統的，雖然已經有所不同。

第一節　洛克《人類認知論》卷四的內容

一、第一單元

11.知識這事的提出

111. 知識不外是對任何的觀念們的連結和契合 (the connexion of and agreement)或不契合和排斥(disagreement and repugnancy of)

---

❶　見 Essay Four, XIX, 4。(即《人類認知論》卷四第十九章第四節)

的知覺(perception)。❷——這句話是洛克在提出知識這件事。

112.提出這句話的理由

1.為什麼是對於觀念們的?

因為：「人心在一切思想中，推論中，除了自己的觀念以外，沒有別的直接對象。」❸

2.為什麼是對於觀念們的契合或不契合?

這點洛克自己並未說到。但這點是很有意義的，我將在第三節敘述。

現在先說一句，知識如果以觀念為對象而又不是觀念，那便只有是關於觀念們的契合。❹

3.為什麼是知覺?

這點洛克也並未提到，不過仍舊是有意義的，我將在第三節說到。現在所先說的，是：人心對於觀念們，除了知覺以外尚有想像、猜想、或相信 (fancy, guess, or believe)，而只有知覺是知識。❺為什麼只有知覺才算呢?

113.四種契合

所謂四種契合❻也可以說是契合之所以成立的四種來由，依此義則契合只有一種，這個差別也有意義，後文將有所述。

1131.第一種契合，同一性和差異性。

為什麼同一性和差異性是一種契合呢? 我（本文我字只指本文

---

❷　見 Essay Four, Ⅰ, 2。

❸　見 Essay Four, Ⅰ, 1。

❹　契合即指「契合與不契合」，下同。

❺　見 Essay Four, Ⅰ, 2。

❻　見 Essay Four, Ⅰ, 3 的標題，及4首句。

作者，除非是在引用的文句中。） 覺得它並不是，它是契合之第一
種來由。

　　這來由一方面是一件事，是心所做出的一個動作。知識是心的
動作的一類，而辨同異是這類動作的首先一個。洛克說：

> 人心在發生任何意見(sentiments)或觀念時，它的第一步動作
> 就在知覺(to perceive)它的各種觀念；並且就其所知覺於它們
> 的，來知道(to know) 它們各自之所是、所異，以及此不是
> 彼。❼

　　「第一步」這三個字，已經表示辨同異這一動作是知識所必需
的，因為沒有「第一步」就沒有往後。

> 這種動作是在所必需的，離了它，則無所謂知識、推論、想
> 像、和清晰的思想。❽

　　這種動作，用不了辛苦、勞力、和演繹，心在初看之下，就可
以憑其自然和知覺能力和分辨能力，發生了這種動作。❾
1131001.❿
　　洛克不認為同一性與差異性是公理，是天賦的。⓫因為人首先

---

❼　見 Essay Four, Ⅰ, 4。

❽　見 Essay Four, Ⅰ, 4。

❾　見 Essay Four, Ⅰ, 4。

❿　00表示這條是注解，此處是1131條的注解。

⓫　見 Essay Four, Ⅰ, 4。

有的是對二個個別的觀念之是否同一或差異的知覺，例如這個白（這個白是個觀念）不是那個紅。而不是一條公理，例如「同一事物，不能同時是又不是」。

1132.第二種契合，關係。

> 這種契合就是人心任何兩個觀念（不論是體或模態或別的）間的關係所生的一種知覺。⑫

1132001.洛克在這裡並未先說明什麼是關係。不過他在第一種契合也未首先說明什麼是同一性和差異性，好像只要了解字義就行了。人們似乎對他之未說明什麼是同一性和差異性不覺得有什麼不對，所以我想，可以有理由說，人們也因此沒理由要求他先說明什麼是關係。可是，另一方面，洛克有先說明的必要。對於必要的事，不去做，可能是一種逃避。人所以要逃避一件事是因為這事有困難在或是做起來很辛苦。當前的這件正是如此。因為「契合」本是關係，為什麼四種之中只有一種叫做關係呢？洛克必須說明，然而，這個很難。

到了說第四種契合的時候，洛克說了：

> 同一性和共存性雖然亦是關係，不過他們是我們觀念的一種特殊的契合（或不契合）方法，因此，它們應該另立一項，不應該歸在概括的關係之下。⑬

---

⑫　見 Essay Four, Ⅰ, 5。

⑬　見 Essay Four, Ⅰ, 7。

事實上這只是表明他對第一、二、三這三種契合之同為關係及第二種之卻有不同這二點已有所意識而已。關係是什麼,第二種之特殊在什麼,都還是未說到。此外,他在這裡沒提到第四種契合,似乎藏著一個問題。

他本來有一句話:

……在各種途徑下來比較觀念。 ⓒ

好像所云「比較」便是發現第二種契合的動作,可是那一種不是由比較而發現的呢? 要說明這「比較」之特殊處正如要說明這「關係」之特殊處同樣是既必需又不容易。

1133.第三種契合,共存。

即所謂在同一主體中的共存性或不共存性。這一種契合是特屬於體(substance)方面的。 ⓓ

1134.第四種契合,實在的存在。

指實在的存在和觀念間的契合而言。 ⓔ

1135.提述這四種契合。

我現在提述一下以上這四種契合。

1.洛克所說的契合是觀念間的,可是第四種卻是觀念和實在之間的。

2.契合即關係,可是在他就這一點檢視這四種契合之時,竟沒有提到第四種契合。

ⓒ　見 Essay Four, Ⅰ, 5。

ⓓ　見 Essay Four, Ⅰ, 6。

ⓔ　見 Essay Four, Ⅰ, 7。

3.洛克以為這四種契合就包括了我們所能有的一切知識。❼

因為我們在任何觀念方面所考究的，所知道的，所斷言的，只不過是說：⑴它就是它自身，不是別的，⑵它與別的觀念共存於同一個主體中，或不共存，⑶它與別的觀念有此種關係或彼種關係，⑷它們在心外另有一種實在的存在。❽

這一長句暗藏了洛克的理由，即：知識是對觀念的考究，而所考究的是⑴、⑵、⑶和⑷這四個方面，別無其他。為什麼別無其他呢？似乎未見說明。

4.知識可分為積極的與消極的，亦即契合可分為積極的和消極的。

……則我們便根本得不到任何積極的知識。❾

5.對這四種契合洛克所舉的例子分別是：

藍不是黃。

兩條平行線間的等底的二個三角形是相等的。

鐵對於磁力的效應是敏感的。

上帝在。

這四個例子並不具有代表性與普遍性，我想。

114.知識的分類。

知識可以有不同的分類，洛克原書已有這種跡象，所以我如此說。

---

❼　見 Essay Four, Ⅰ, 7。

❽　見 Essay Four, Ⅰ, 7。

❾　見 Essay Four, Ⅰ, 5。

洛克依需要而提到一些分類。

1. 依說明知識的來由而提到的分類。❷

　第一種契合：對同一性或差異性的知覺。

　第二種契合：對兩個觀念間關係的知覺。

　第三種契合：對在同一主體中的共存性或不共存性的知覺。

　第四種契合：對實在的存在和觀念的契合的知覺。

2. 依出現的時序而提到的分類。❷

⑴實在的知識──人心對於觀念們的契合和關係所起的當下的
　　　　　　　認知作用。

⑵習慣的知識──又分二種

　①在任何時候復現於心時，人心總可以確實知道其各觀念間
　　的關係的。

　②為人心所相信以後，人心只記得自己的確信，卻不能記得
　　其證明的。

3. 依重要性而提出的分類。❷

　積極的
　消極的

4. 依認識能力而提出的分類。❷

　直覺的
　解證的
　感性的

---

❷　見 Essay Four, Ⅰ, 3～7。

❷　見 Essay Four, Ⅰ, 8～9。

❷　見 Essay Four, Ⅰ, 5。

❷　見 Essay Four, Ⅱ。

12.知識這事的檢討（同時敘述了獲得知識的能力）。

121.知識的明白性的程度。

知識是獲得的，所以其明白性有程度的高低。

> 在我看來，我們的知識所以有或高或低的明白度，只是因為
> 人心在不同的途徑下，來知覺它的各種觀念的契合或不契
> 合。❷

所以，洛克即依途徑的不同而論此程度。

而所謂途徑之不同又由人有數種認識能力而來。人能直覺、能
解證、能感覺，洛克即由直覺的知識、解證的知識、感性的知識這
個分類來論知識的明白性的高下。

1211.直覺的知識。

> 我們如果一反省自己的思維方式，就可以看到，人心有時不
> 借助於別的觀念，就能直接看到它的兩個觀念間的契合或不
> 契合。這種知識，我想可以叫做直覺的知識。❷

不獨由於不必借助於別的觀念，而且

> 因為在這方面，人心並不用費力來證明，來考察，就能瞥見
> 真理，正如眼只要朝向光明，就能瞥見光明似的。❷

---

❷　見 Essay Four, II, 1。

❷　見 Essay Four, II, 1。

❷　見 Essay Four, II, 1。

所舉出的例子有：

白非黑、圓非三角形、三比二多並等於一加二。❷

至於它的明白性、確定性，洛克說：

在人類弱點的範圍以內講，這種知識就可以說是最明白、最確定的。❷

這明白性的程度何止是「最」，甚至是「強」，

這一部分知識是不可反抗的，它就同日光似的，人心只要轉其視線於它，它就會立刻強迫人來知道它，它不使人心有一毫躊躇、懷疑、或考慮，它只使人心立刻充滿了它的明白的光亮。❷

不但是「強」，而且是「足」，達到人的極限的足。

這種確定性，人人都知道它是大得不能再大的，因此，他不能想像再大的，亦就不需要再大的。❸

---

❷ 見 Essay Four, II, 1。
❷ 見 Essay Four, II, 1。
❷ 見 Essay Four, II, 1。
❸ 見 Essay Four, II, 1。

怎見得這是極限？

> 因為一個人只知道，他心中的觀念就是如他所知覺的那樣，
> 此外，他並不能想像自己還能達到更確定的程度；他只知道，
> 在兩個觀念間，他如果看到一層差異，則那兩個觀念是差異
> 的，而不是確乎同一的。❸

這引文所含的理由似乎是。

1.觀念是什麼，知覺也就是什麼，不多也不少，所以知覺的明
白與確定無以復加了；

2.知覺到兩個觀念中間的一個是如何，就知道這兩個觀念間的
一個關係是如何。於是由於1.，對這關係的知覺的明白與確定也是
無以復加。

既是極限，

> 一個人如果於這種確定性以外，想求一種更大的確定性，則
> 他所求的，自己也不知道是什麼。而且他這樣，只表示他想
> 當一個懷疑學者而又當不了。❸

此外，這種明白性與確定性還是唯一的與必需的，

> 一切知識的確定性、明白性，就依靠於這種直覺。……確定
> 性是完全依靠於直覺的。❸

---

❸ 見 Essay Four, II, 1。

❸ 見 Essay Four, II, 1。

1212.解證的知識。

兩個觀念間的關係並不都是人心所能瞥見的，

> 人心並不能常常瞥見它的觀念間的契合或不契合，……因為
> 我們所要考究其是否契合的那兩個觀念，不能被人心放在一
> 起，以來表示它們的契合或不契合來。❸

我想，二條一樣長的線如果放在一起，當然一眼可以瞥見它們
之間有等長的關係。不放在一起，就難了，需要一把尺才行。這是
能否瞥見在於是否在一起的例子，可是洛克自己所舉的卻是：

> 就如人心雖想知道三角形的三內角，和兩直角的大小是否相
> 契，可是它並不太能藉直接的觀察和比較來知道它們，因為
> 三角形的三內角不能一下子拿來跟別的一個或二個角相比，
> 所以人心對於這件事就沒有直接的、直覺的知識了。在這種
> 情形下，人心就愛去找跟一個三角形的三個內角相等的角們，
> 而，發現到所找來的角們相等於二個直角。人心便知道三角
> 形的三個內角等於二個直角。❸

他在這裡忘記提明這找來代替的角們是可以放在一起的，而且
放在一起以後可以發現（按，依下文，這發現是直覺）它們加起來
是等於兩個直角。如果補足了這點，則他所謂解證是將不能直接的

---

❸ 見 Essay Four, II, 1。

❸ 見 Essay Four, II, 2。

❸ 見 Essay Four, II, 2。

改為能直接的。可是「直接的」與「直覺的」不同，而且「直接的」未必都能導致「直覺的」。 所以，我想，我們可以同意在直覺以外尚有第二、第三途徑來發現觀念們的關係，但是這第二種未必跟他所說的完全一樣。

由這種途徑而得的知識不是一下子就明白的，也就是說在未明白以前會有疑慮。洛克說：

> 在直覺的知識和解證的知識之間，還有另一種差異，即，在解證的知識方面，我們如果依據中介的觀念看到契合關係以後，雖然也可以把疑惑完全消滅了，可是在解證以前卻有疑惑，這是直覺的知識所無的。**❸❻**

明白以後，明白性的程度卻比直覺的知識的低，因為經過了多次的推移。為什麼經過多次的推移，明白的程度會降低呢？因為：

> 就如一個人面，在數個鏡中互相反射以後，只要影子仍與原物保留一點相似性和契合關係，則它就能產生一種知識；不過在每一度反射以後，原來那種完全的明白程度和清晰程度總要減幾分，……由一長串證明而得的知識，也正是如此。**❸❼**

這譬喻是否有用很成問題，因此不見得已提供了理由。不過他又說：

---

❸❻ 見 Essay Four, II, 5。

❸❼ 見 Essay Four, II, 6。

不過在長串的演繹中，因為所用的證明太多，所以人的記性
不易把多種知覺迅速地、精確地保留起來，因此我們就常見
解證的知識不及直覺的知識完全，而且人們往往把謬論當作
解證。❸

這是提出一個現象，而非提出一個理由。這個現象不一定發生，
所以即使由現象可以找出理由，由這個現象所找出的未必是正當的。

1213.感性的知識。

13131.

直覺的知識所得到的是觀念，現在感性的知識所得到的是與觀
念相應的外界的東西。洛克說：

我們分明知道，我們由外物所得來的觀念乃是在我們心中的；
這乃是一種直覺的知識。不過有人可以問，事實上除了我們
心中這種觀念以外，是否還有別的東西？而且我們是否可以
由此確然斷言，外界有任何東西與那個觀念相應？因為人心
中雖然有那種觀念，可是外界也許沒有那種東西存在，也許
沒有那種物象來刺激我們的感官。❸

這段話表示人在由直覺得到觀念以後，還進一步要求知道有沒
外物與之相應。可是如何去知道呢？

---

❸　見 Essay Four, II, 7。

❸　見 Essay Four, II, 14。

不過我想，我們這裡有充分的證據，可以了解我們的困惑，因為我們可以問任何人，他在白天看日時，同晚上想日時，是否確乎有不同的知覺？他在實在嘗艾草，嗅玫瑰時，是否和他僅僅存想那種滋味或香氣時，有截然不同的知覺？我們分明看到，由記憶所復現於心中的觀念，同由感官實際進入人心的觀念，委實有一種差異，而且它們的差異正如同兩個各別的觀念似的。有人如果說：「在夢中我們也有同樣的情形，而且這些觀念都可以離了外物產生於我們心中」，則他可以夢見我向他作此回答：（一）如果一切都是夢境，如果推論和辯論都無功用，真理和知識都畢竟空，則我是否能袪他的疑，那都無大關係。（二）我相信，他會承認，夢見在火中，同實地在火中，委實有一種明顯的差異。❹

在這裡我們所得到的洛克的意思是：由白天見日與晚上想日、實在嘗艾草嗅玫瑰與回想那種滋味或香氣、實得觀念與復現觀念、實地在火中與夢見在火中的知覺上的差異，可以推論確有外物相應。而且，畢竟還有真理，並非一切皆空。

但是推論過程中的前後都是觀念，而觀念是直覺的知識，所以感性的知識在那裡呢？而且他已說明，有外物相應這個知識是由比較推論而得，並不是感性知識。

不過比較時，前一個觀念是感官所得，後一個則只是回想、復現。洛克所云「感性的」也許暗指前一個觀念之為「感官所得」。可是前一個觀念他已歸為直覺的知識。因之，或者是並無他所謂的感性的知識，或者是混淆直覺的與感性的，二失似必有一。

❹　見 Essay Four, II, 14。又，原文無斜體字，黑點是我所加。

洛克還有一句話：

> 我們確實發現苦與樂隨著〔感官〕之應用於向我們的某些物
> 體上而生起，它們的存在是我們由感官知覺到或夢想我們知
> 覺到的。㊶

這句話更明白表示了感覺是對觀念言，不過「它們的存在」的
它們如果指外物，則便是對外物言，是對外物有感性的知識了。

以上是關於感性的知識本身。現在要進入主題，這知識的明白
性的程度如何？

12132.

> 知識的程度就分為直覺和解證兩種；任何思想如果缺乏了兩
> 種中任何一種，則我們不論如何確信它，它總不是知識，只
> 是相信或意見；至少在一切概括的真理方面，我們是可以如
> 此說明的。不過人心在運用於外界特殊的有限存在時，它確
> 有另一種知覺。這種知覺雖然超過了僅僅的蓋然性，可是它
> 還不能達到前述的兩種確定程度，不過我們仍以知識一名稱
> 它。㊷

這是說，這種知識是勉強列為知識，因為它比非知識多了一點，
它的等級呢？

㊶　見 Essay Four, II, 14。

㊷　見 Essay Four, II, 14。

因此，我們可以承認知識有三種等級，就是直覺的，解證的，
感覺的。在這三種中的每一種，明度和確度都有各別的程度
和途徑。❸

直覺的是最高的，解證的其次，這是洛克說過的，所以感性的
是第三，亦即最低。

122.知識的範圍

1221.範圍的大小。

事物可以說有多少，觀念也可以說有多少，觀念們的契合也如
此，知覺或知識也是可以，比如說，多少知覺，多少知識。所謂範
圍就指這多少。事物的範圍，觀念的範圍，契合的範圍，因之，知
識的範圍，都是相應的，所以可以比較彼此的大小。

先有事物後有觀念，後有觀念的契合。人心不能對每件事物都
有觀念，也不能對所有的契合都有知覺。所以不論是直覺的知識或
解證的知識或感覺的知識，範圍都比觀念的少。❹不止是比事物少
而已。❺

我可以說，我們的知識不止因為我們的觀念稀少而不完全，
大受了限制，而且即在這個範圍內，它也不能遍行。❻

在直覺方面第一不能遍行於所有觀念，第二不能遍行於一切契

❸ 見 Essay Four, II, 14。

❹ 見 Essay Four, III, 1～6。

❺ 見 Essay Four, III, 6。

❻ 見 Essay Four, III, 6。

合，因為無法都直接比較觀念。❹在解證方面，還加上不能都找到中介這點。❸在感覺的方面，我們不能超過我們感官當下所感到的事物的存在，所以都很狹窄。❹

在這裡他卻是間接地或連帶地說到「感官所感到的事物的存在」。不過此處有一個分別，即感官是感到「事物」還是感到「＿＿的存在」？ 洛克可能指的是後者，可是「＿＿的存在」是可以感覺的嗎？

1222.知識的範圍小到什麼程度

1.在第一種契合方面，亦即同一性和差異性，我們的直覺知識和觀念本身是有同等範圍的。人心中任何觀念都可以憑直覺的知識，立刻看到它自己是什麼樣子，而且可以看到，它和別的任何觀念都是不一樣的。❺

2.在第三種❺契合方面，共存，知識的範圍是很狹窄的。

> 我們對於體的種屬所有的觀念，不是別的，只是在一個主體中所集合的各觀念的集合體（就是所謂共存）。就如我們的火焰觀念就是又熱，又亮，又向上運動的一個物體。又如黃金的觀念就是沈重，色黃，可展，可熔的一個物體。火焰和黃金這兩個體的名稱，就表示著人心中這些複雜的觀念。❺

---

❹ 見 Essay Four, III, 3。

❸ 見 Essay Four, III, 4。

❹ 見 Essay Four, III, 5。

❺ 見 Essay Four, III, 8。

❺ 見 Essay Four, III, 9。原文作第二種，可能是洛克寫錯。

❺ 見 Essay Four, III, 9。

可是，範圍為什麼狹小呢？因為，

> 我們如果在這一類體的方面想有進一步的知識，則我們所考
> 究的，不是別的，只是說，這一類的體是否還有別的性質或
> 能力。這就是說，我們只是想知道，除了形成那個複雜觀念
> 的那些簡單觀念以外，是否還有別的觀念與它們共存著。㊺

然而，

> 由於形成複雜的體的觀念的那些簡單觀念，其本性大部分並
> 沒有明顯的必然的聯合或矛盾，因此我們雖欲考究它們的共
> 存，也不可能。㊻

為什麼沒有必然的聯合或矛盾呢？這又因為：

> 形成複雜的體的觀念的那些觀念就是那些次性的觀念。不過這
> 些性質，都依據於微細而不可察覺的各部分中的初性，……，
> 我們就不能知道某一些性質同另一些性質有必然的聯繫或矛
> 盾。因為我們既不知道它們是由何種根源出發的，既不知道，
> 形成複雜的黃金觀念的那些觀念是由各部分的何種形相、大
> 小、和組織來的，則我們便不能知道，有什麼別的性質是由
> 黃金中不可覺察的各部分的那個組織來的，或與它不相契的；
> 因此，我們也不知道，它們是否和我們所有的複雜的黃金觀

㊺　見 Essay Four, III, 9。

㊻　見 Essay Four, III, 10。

念相契或不相契。❺

對共存的知識範圍是如此甚小，但是對不共存的知識，範圍卻較大，因為：

> 任何一種主體，在同時所有的各初性，只能有一個殊別的情況，就是說，各部分的每一殊別的廣袤、形相、數目、和運動，一定要排斥了它一切的廣袤、形相、數目、和運動。❻

在次性方面也是如此。❼

洛克也說到能力的共存，認為我們的知識也很少。他說在這方面他真懷疑我們的知識是否能超越於經驗之外，是否可以發現出大部分這些能力來，是否可以確知它們是在某一種主體中的。因為我們根本不知道這些能力和形成主體的本質的那些觀念是有必然聯繫的。因為各種物體的自動能力和被動能力，以及其動作的途徑，既然在於各部分的組織和運動，〔但〕這些組織和運動是我們所萬不能發現出的，人類的認知力是脆弱的。❽

至於在精神方面，我們更是漆黑一團。因為我們對於精神並無適當的觀念，我們只是在可以觀察到的範圍內，反省自己靈魂的動作，以來推想精神的觀念罷了。❾觀念都不清楚，遑論觀念們的契

---

❺　見 Essay Four, III, 11。

❻　見 Essay Four, III, 15。

❼　見 Essay Four, III, 15。

❽　見 Essay Four, III, 16。

❾　參 Essay Four, III, 17。

合了。

3.在第二種契合方面，⑩洛克認為我們不容易決定，它能到達多遠，因為我們在這部分的進步，只是因為我們有聰明的心思可以發現出各種中介觀念來，而間接知道各觀念（除了它們的共存關係）的關係。⑪

4.洛克之說到第四種知識，實在的存在，相當簡略。對於我們自己的存在只說有一種直覺的知識，沒說這知識到達多遠。對於上帝的存在則說有一種解證的知識，也未說及範圍。對於別的一切東西，認為我們只有感覺的知識，而且這種知識不能超出感官當下所見的物體以外。⑫

不過洛克在《認知論》有三章專門來論這三種知識。在那裡，對自己的存在所有的知識仍未說及範圍，只說是直覺的，很確實。大約他認為沒什麼範圍可說，因為這範圍就是一個自己。⑬不過，不個人所直覺到的是不是「＿＿的存在」？　他沒有碰到這點，他的話是：

> 我雖然可以懷疑別的一切東西，可是只有這種懷疑就可以使
> 我們知覺到自己的存在，並且不使我們再懷疑它。因為我如
> 果能知道自己感覺痛苦，則我分明知覺到自己的存在，一如
> 我知覺到我所感到的痛苦的存在似的。⑭

---

⑩　原文為第三種。

⑪　參 Essay Four, III, 18。

⑫　參 Essay Four, III, 21。

⑬　參 Essay Four, IX。

⑭　見 Essay Four, IX, 3。

這透露了是由知道自己的痛苦而推論自己的存在，而且對自己的存在以及別的一切東西的存在都會有懷疑發生。但是直覺的知識是不容懷疑的，所以人對自己的存在以及一切別的東西的存在的知識不是直覺的。因此洛克不但是說得少，甚至連所說的也有問題。

在第十章，他處理我們對上帝的存在的知識。這種知識是解證的知識，不過是確實的。解證的起點是我自己的存在，這已經是直覺的、確實的。❻接下來是，「虛空不能產生出存在來，……凡後來〔才〕開始存在的東西，都一定是為另一種東西所產生的。」❻❻「所以我們便可以分明解證出，從無始以來，就有一種東西存在。」❻❼

洛克在說到第四種知識之時，在「存在」這字之前，通常都加上「實在的」一字。但是我覺得他只談論到「存在」而未談論到「實在的」。「——的存在」，不論是自己的、上帝的、外物的，都是由推論而得；無從「實在」。我想，凡是成為一串的東西，當然是有一個為始的，這一串由他開始，也就是他是在無始的時候出現的。但是，這一串的東西，可以在夢中出現，當夢中的那個在無始的時候（即無夢的時候）出現的東西出現了，夢才開始。

上帝不但在無始之時開始存在，而且一直存在，這點需要另有證明，我想。

上帝為什麼能自無始以來就一直存在？由這個問題出發便可得到上帝的一些性質。洛克也得到一些，只是似乎未明文說到是否由此得到。❻❽

---

❻　見 Essay Four, X, 2。

❻❻　見 Essay Four, X, 3。

❻❼　見 Essay Four, X, 3。

❻❽　見 Essay Four, X。

所得到的這些屬性可說是人對上帝的存在的知識範圍。不過這只是列舉出人已經有了多少，並未討論到能到達多遠，這是他跟他討論共存的知識的範圍時不同的。如果在那裡是討論範圍的問題，則在這裡便似乎不是了。

說到我們對別的事物的存在的知識，這是在第十一章，他仍舊是由「它」推論「它的存在」。

> 至於我們對別的事物的存在所有的知識則是只靠感覺得來的。因為實在的存在和一個人記憶中所有的任何觀念，既然並無必然的聯繫，而且只有上帝的存在和殊別的人的存在有必然的聯繫，因此，任何人只有在別的東西實際地作用於他因而使他知覺(perceive)到它自身之時，才知道(know)它的存在。⑥

他的用詞遣字，如「靠」字，如「知道」而非「知覺」， 似乎已表示了他自知對「＿＿的存在」人並無感覺的知識，可是他卻如此稱呼、如此標示人對「＿＿的存在」的知識。所以這又表示他同時也處於混淆「它」與「它的存在」的狀態中。

由知覺「它」而知道「它的存在」，這就是第十一章所從事的。所以一如對於自己的及上帝的存在一樣，並未討論到存在的知識的範圍。

這一個事實暗示了什麼呢？暗示了，我想，「＿＿的存在」並不是知識的對象，而是對「它」的知識。既非知識的對象，當然談不到什麼「範圍」了。

1223.知識範圍狹小的原因。

---

⑥　見 Essay Four, XI, 1。

1.由於缺乏觀念。

2.由於我們所得的觀念缺乏可發現的連結。

3.由於缺少對我們的觀念作追蹤與查考。**⑩**

1224.知識的普遍性。

知識的範圍是就人所得到的或能得到的知識有多少，能到達對象多遠，亦即對一個對象人能得到多少知識而言。知識的普遍性則是就一個知識能到達多少對象而言。

知識的普遍性如何？

> 各種觀念如果是抽象的，而且他們的契合與否也是我們所知覺到的，則我們的知識是普遍的。**⑪**

觀念們的契合與否是否為我們所知覺，這是我們是否有知識的問題，所以不入本題。入本題的是，觀念如果抽象，則我們的知識是普遍的。可是為什麼呢？

> 因為人所知於抽象觀念者，在可以發現該觀念之殊別物上也具備之。**⑫**

而且我們所知於抽象觀念者，歷久常真。所以我們一旦得到這知識，以後〔便不必外求於事物〕，只需求之於內心。**⑬**

---

⑩　見 Essay Four, III, 22。

⑪　見 Essay Four, III, 31。

⑫　見 Essay Four, III, 31。

⑬　見 Essay Four, III, 31。

請注意，是「以後」不必求諸外物，不是從來不必。可是洛克原文沒這麼清楚，還夾帶著 essence 一詞，會導致誤解，我省去了。

123.知識的實在性。

論題的提出是這樣的，「知識只成立於人心對自己的觀念的契合或不契合的知覺，但是誰知道那些觀念是什麼樣的呢？世上還有比腦中的想像更為狂妄的東西嗎？」[74]而洛克解決的方式則是，

1.觀念並非知識，對觀念們的契合的知覺才是。他說：

> 我們的知識如果只止於觀念，而不能更進一步，當還有可以讓我們更意向之事物在焉之時，則我們最認真的思想也和瘋人的幻想一樣無用。[75]
>
> 很顯然的，人生並不能直接知道各種事物，它必然要借助於它對它們所有的觀念才能知道它們，因此，我們的知識所以為真，只是因為在我們的觀念和事物之間有一種契合。[76]

這引文所說的是觀念與事物之間的契合，不是觀念與觀念的契合。這正是很大的一個問題。也許他是有了錯覺，因為他已經有了對契合的知覺是知識的看法，由此錯覺觀念與事物有契合。也許他並非錯覺，因為他明說人心並不能直接知道各種事物，「它如何是和事物本身相符合呢？」[77]他只是出於無奈，既然知識在於知覺契合，對事物要有知識，便必須使觀念與事物有契合。

---

[74] 見 Essay Four, IV, 1。

[75] 見 Essay Four, IV, 2。

[76] 見 Essay Four, IV, 3。

[77] 見 Essay Four, IV, 3。

這裡雖然有一層困難，可是我相信，有兩種觀念確是與事物相契合的。⑱

無奈的結果是只有「相信」。「第一點，簡單的觀念都是與事物相契合的，因為它們既不是人心所能自己造成的，……」⑲

2.還有，並非一切觀念都必須與事物契合，因為有許多觀念，它們自身就是事物，例如複雜觀念便是。所以它們還是毋需與事物契合，如果還說契合，那它們是必然契合。這就是他所相信的第二種觀念。⑳這，是個很大的關鍵。

不過，所謂複雜觀念，要排除體這觀念才行。㉑因為：

體這觀念既是由簡單觀念集合成的，而那些簡單觀念又是由自然的作品來的，因此，它們可以同自然的事物有所出入。因為它們所含的各種觀念，或者可以多於自然事物中所含的觀念，或者可以異於自然事物中所含的觀念。㉒

我想洛克並未在這裡指出其中的關鍵來。因為由簡單觀念組成的複雜觀念很多，為什麼除了體這觀念以外，沒有這種情形發生呢？這是因為所組成的複雜觀念所在層次不同，本來複雜觀念位於組成

---

⑱　見 Essay Four, IV, 3。

⑲　見 Essay Four, IV, 4。

⑳　見 Essay Four, IV, 5。

㉑　見 Essay Four, IV, 5。

㉒　見 Essay Four, IV, 11。

它的觀念們之上，觀念由簡單的到複雜的是一種層遞，❽可是體這
觀念卻位於組成它的觀念之下，是層降了。我很懷疑體這觀念是複
雜觀念。

由於是層降，所以才會有「有另一種複雜觀念是以外界的原型
為參照的」❾的話。

1231.有的觀念自身即是事物，洛克利用這點解決了一大部分困
難。但是有些事物，自身即是觀念，而不是「含有觀念」或在人心
中引生觀念。例如三角形、圓形便是。由於這時事物自身即觀念，
所以我們心中的一個觀念，例如三角形，便可以和它契合或不契合，
而使數學知識成為實在的，不只是確定的而已。❺不過在這裡洛克
並不知道他是在利用這個事實。

同樣的，道德或法律也是事物自身即是觀念，例如「正義」、「節
制」、「謀害者應受死刑」。❻

二、第二單元

21.命題與真理這事❼的提出。

1.命題這物❽的提出。

標記的分合叫命題。❾命題分為二種，心智的 (mental) 與口頭
的(verbal)。❿

---

❽　參閱拙作〈洛克論觀念的形成〉，《文史哲學報》第三十二期。

❾　見 Essay Four, IV, 11。

❺　參 Essay Four, IV, 6。

❻　參 Essay Four, IV, 7～9。

❼　命題與真理之間的關係是宇宙中一事。

❽　命題是萬物的一種。

❾　見 Essay Four, V, 2。

2.真理這物的提出。

在我看來，所謂真理，若按其適當的意義講來，不是別的，只是按照實在事物的契合與否，而發生的各種標記的分合。**⑨**

換言之，命題之符合事實者曰真理。

真理只是拋開文字以後，各觀念自身的分合。**⑨**

3.真理既是命題之符合事實者，則「命題與真理」這件事已經被提出了。

211.命題的上述分類是按所常用的二種標記分的，這二種標記是觀念與文字。**⑨**隨著這點，真理也分為思想的真理和文字的真理。**⑨**可是由於觀念有名稱，所以就很少有純粹的心智命題，因為很少人只是單獨考究心中那些無名稱的觀念們。**⑨**現在，「命題與真理」這事的第一件事就是要求我們在考究真理之時完全拋開文字。**⑨**拋開文字以後才可以知覺或判斷觀念的契合或不契合。**⑨**然

---

⑨　見 Essay Four, V, 2。

⑨　見 Essay Four, V, 2。

⑨　見 Essay Four, V, 5。

⑨　見 Essay Four, V, 2。

⑨　見 Essay Four, V, 3。

⑨　參 Essay Four, V, 3~4。

⑨　參 Essay Four, V, 5。

⑨　參 Essay Four, V, 5。

後才可以說一個命題是否為真理，因為：

> 命題之立，固立於標記的或分或合，而真理之成，卻看這些
> 標記之分合是否按照事物本身之契合與否而定的。❾❽

212.「命題與真理」這事的第二件事，也是主要的事，是討論
真與假的問題。亦即，命題在什麼時候才是真理。其實這在提出真
理這物之時已連帶地說了，現在只是就實際上應該怎麼做這點去說。

> 應該反省自己在肯定或否定時自身所有的內在經驗，不能只
> 憑文字來解釋。
> 一個人心中如果有了二條線的觀念，一條是方形的邊線，一
> 條是它的對角線，而且那條對角線是一吋長，則他就可以知
> 道，那條對角線是否可以分成一些相等的部分，例如分為五、
> 十、百、千以及任何數目。而且他可以知道，那條線所分成
> 的各相等部分，其中是否有一些部分之和恰等於那條邊線。
> 任何時候，他只要知覺，相信，或假設那種分割的觀念和那
> 條線的觀念契合或不契合，則他就分了或合了那條線的觀念
> 和那分割的觀念。這樣他就形成了一個心智命題，而且這命
> 題之為真為假，也就是看那條線之是否可以分成那些相等的
> 部分而定的。❾❾

這指出了心智命題如何才能成為真理，如何才真。口頭命題呢？

---

❾❽　見 Essay Four, V, 5。

❾❾　見 Essay Four, V, 6。

不過文字的真理卻比此多著一層，這就是說，各種文字的肯定與否定必須與它們所表示的觀念之契合與不契合相應。⑩

所以口頭命題要為真，要成為真理（這時是文字真理），　得做兩層的符應，第一層是文字的肯否符應觀念們的契合與不契合，第二層是觀念們的契合與不契合符應事物之連結與不連結。⑪

2121.不過文字的真理可分為純粹口頭的、瑣屑的、與實在的、能啟發人的兩種。⑫「命題與真理」這事的第三件事就是要論命題成為真理以後的用處這問題。⑬以下第22、23、24三條，洛克所論大多與此有關。

22.特論普遍命題與真裡這件事。

在「命題與真理」這件事裡現在洛克要挑出普遍命題來討論，因為它最能擴大我們的知識。⑭換言之，它最有用。

命題之如何成為真理已見前述。概括命題含有概括名詞，這概括名詞如果與觀念符應，那觀念又與事物符應，概括命題就可以成為真理了。概括名詞所要符應的觀念是抽象觀念。這抽象觀念如果能夠與一個種屬的事物符應，一個普遍命題就成真理。怎樣才能與一個種屬的事物符應呢？在這個觀念是一個種屬的每個個物都含有的之時（這個觀念就叫做種屬的本質）。⑮

⑩　見 Essay Four, V, 6。

⑪　見 Essay Four, V, 7～9。

⑫　見 Essay Four, V, 6。

⑬　見 Essay Four, V, 7。

⑭　見 Essay Four, V, 10。

⑮　見 Essay Four, VI, 4 及 16。

所以一個概括名詞要能與一個確定的且能為人所知的觀念符應，一個普遍命題才能成為真理。可是，體這個概括名詞卻是企圖與我們所不知的觀念，實在本質，符應。所以在體這方面，並沒有什麼普遍命題的真理可以為我們所知道。⑩而且在體這方面也不能形成概括的確定的命題。⑩

事實上洛克無寧是特論體的普遍命題與真理這件事。

23.特論公理與真理這件事。

公理是命題的一種，公理是自明的，亦即由文字就可以知道觀念們是否契合，也可以說觀念們之是否契合，觀念們自身就顯示出來。也許我可這樣說，公理這種命題會自動地成為真理。⑩

雖然如此，洛克卻認為它們並沒有什麼用處。因為不一定要是公理才能自明。同一性和差異性的一切命題都是自明，共存方面的命題也有少數是自明的，關係方面也有之，只在實在的存在方面我們沒有自明的命題。⑩其次，因為這一類公理並不能十分影響我們的別的知識，這又因為它們不是我們首先知道的真理。⑩總之，公理並不是其他知識的原則和基礎。⑪

24.特論瑣碎命題與真理這件事。

洛克指出表示同一性的命題、用複雜觀念的一部分來云謂全體的命題（例如「鉛是一種金屬」）、依據定義而來的命題、在體的方

---

⑩　參 Essay Four, Ⅵ, 5～14。

⑩　見 Essay Four, Ⅵ, 15。

⑩　參 Essay Four, Ⅶ, 2。

⑩　參 Essay Four, Ⅶ, 3～7。

⑩　參 Essay Four, Ⅶ, 8～9。

⑪　見 Essay Four, Ⅶ, 10。

面的概括命題，都不具啟發性，所以是無用的。⑫

三、第三單元

31.判斷

我們有時既然缺乏了明白而確定的知識，因此上帝便又給了我們一種能力叫判斷的來補充這種缺陷。藉著這種判斷，人心雖然看不到解證的明確性，也可以看到它的觀念之是否契合，或命題之為真為偽。⑬

這指出判斷這能力施用的時機，但是什麼是判斷呢？

人心於是在真偽方面施用二種能力。

第一就是知識，我們由此可以確然知道任何觀念間的契合或不契合。

第二就是判斷，在這裡我們並不能看到觀念們的契合或不契合；我們只是假定它們的契合或不契合。並且從而在心中把它們加以分合。因此，所謂判斷就其本義而言，就是在未確知其如此之時，就假定其如此的。它在分合各觀念時，如果與事物的實際相契合，那就叫做正確的判斷。⑭

所以，判斷是一種能力所做出來的事，這能力也叫判斷。這件

---

⑫　參 Essay Four, VIII。

⑬　見 Essay Four, XIII, 3。

⑭　見 Essay Four, XIII, 4。

事是什麼呢？就是去假定觀念們的契合或不契合，並在心中將觀念們加以分合。而知識呢，是又一種能力所做出來的事，這能力也叫知識。這件事是去知道觀念們的契合或不契合。

311.蓋然性

判斷這種能力憑什麼去假定觀念們契合或不契合呢？憑蓋然性。

> 所謂蓋然性就是「多半為真」的意思。⓯
>
> 所謂解證就是要用恆常地在一塊聯繫著的明顯的證明，做為媒介來指示出兩個觀念間的契合或不契合來。至於在蓋然性方面，我們所用的證明們，並沒有恆常不變的聯繫，至少是我們見不到這種聯合。因此，我們所見的只是貌似的契合或不契合。⓰

所以，我想，蓋然性是指觀念們所顯示出來的「多半為真」的契合或不契合。

怎麼樣去看到這多半為真的契合或不契合呢？有什麼根據嗎？

第一，是事物們和我們的知識、觀察、同經驗所有的一種相符性。

第二，就是別人的證據，這些證據可以保證他們的觀察和經驗。在這裡，我們第一要考究數目多少，第二要考究忠實與否，第三要考究證人的技巧，第四要考究作者的原意（如果

⓯ 見 Essay Four, XV, 3。

⓰ 見 Essay Four, XV, 1。

我們是引用書中的證據)，第五要考究所說的各部分各情節的符合，第六要考究相反的證據。⑰

32.同意

同樣的能力，運用於事物上頭叫判斷，運用於命題所表出的真理時叫同意或不同意。⑱

什麼叫做運用於命題所表出的真理？

> 此外還有另一種根據，這種根據在其自身雖然不是蓋然性的真正根據，可是人們常當它是一種根據，而且他常常依此來規範其同意，並且依此來固執其信仰。這就是所謂他人的意見。⑲

所以所謂同意是對他人所提出的命題加以同意或不同意。同意它，你就拿它作為你判斷事物的根據。但是你為什麼同意它？因為你對它作了判斷。所以判斷和同意是同一種能力，同一種成品，只是施用的對象不同而已。

321.同意也有各種等級以及該注意的事項。⑳

它有兩種根據：第一，我們的經驗如果同別的一切人的符合，㉑第二是類推，在感官所不能發現的事物方面。㉒

---

⑰ 見 Essay Four, XV, 4。

⑱ 見 Essay Four, XIV, 3。

⑲ 見 Essay Four, XV, 6。

⑳ 見 Essay Four, XVI。

㉑ 見 Essay Four, XVI, 6。

㉒ 見 Essay Four, XVI, 12。

33.理性

判斷，作為一件事，可能包含著推論這件事。而從事推論的能力叫理性。❿

而推論之中有一式叫三段論。❿

34.信仰

同意，這件事可以由判斷而得，也可以因信仰而來。但它們各有各的範圍。❿

由信仰又說到啟示。❿而且洛克還認為啟示的證據是最高的確定知識。❿

35.狂熱

我想真正愛真理的，確有一種標記，就是說，他對於一個命題所發生的信仰，只能以那個命題所依據的各種證明為限，並不能超過這個限度。……如果超過了那種確知的程度，則他的過分的信仰，一定在於別的情感，而非由於他的真理之愛。❿

這是指出狂熱之為狂熱。

---

❿　參 Essay Four, XVII, 1～2。

❿　參 Essay Four, XVII, 4。

❿　參 Essay Four, XVII, 24, 4 及 18。

❿　見 Essay Four, XVIII。

❿　見 Essay Four, XVI, 14。

❿　見 Essay Four, XIX, 1。

同意的第三種根據就是所謂狂熱。……所謂狂熱就是要排棄理性，在本無啟示之處，妄來建立啟示。結果，它把理性和啟示都排斥了，而以一個人腦中的無根的幻想來代替它們，並且以那些幻想為自己的意見和行為的基礎。**⑫**

這是提出狂熱這物。

四、第四單元

41.對知識這事的一些澄清。

411.知識不是由公理或原則來的。**⑬**

411001.何謂由公理或原則來? 例如，一個人由「全體大於部分」這原則而知道了「他的全身大於他的手指」。由「等量減等量，結果還是等量」而知道「從一個欠他三先令的人收回一先令，又從另一個欠他三先令的人收回一先令，這二人欠他的錢還是一樣多。」**⑬**

4111.不是由公理或原則來的理由在於違反事實。「全體」與「部分」二詞先於「身體」和「手指」二詞出現於兒童的語言中，這就是一個證據。**⑬**還有一個歸謬法的證明：如果可由原則得到知識，「則我真不知道，道德學中有什麼不可成為真理，自然哲學中還有什麼不可引進與證明的東西。」**⑬**我想，洛克認為在事實上，特殊的知識是先於普遍的知識出現的。

---

⑫　見 Essay Four, XIX, 3。

⑬　見 Essay Four, XII, 1。

⑬　見 Essay Four, XII, 3。

⑬　見 Essay Four, XII, 3。

⑬　見 Essay Four, XII, 4。

4112.錯誤產生的誘因在於數學有由公理得到知識的成功事例。⑭而且學者們「以為各種科學都是建立在一些預知的東西上的。」⑮這既是錯誤，也是錯誤的誘因。

4113.這種錯誤會引致危險，這已見上述的歸謬法證明。

412.其實知識是由考慮觀念而來的。

> 不過我們所以能知道確定的原則和其他真理，只是因為我們知覺到我們觀念的契合或不契合。因此增進知識的途徑不在於盲目的本著確定的信念去吞嚥各種原理，而是要在心中確立了明白、清晰，和完全的各種觀念。……我們只要能考慮此等完全的觀念們自身，並且比較它們，找出它們的契合或不契合，以及各種關係和習性，則我們就會得到較真實、較明白的知識，……⑯

這裡用了二處「完全」，似在表示在考慮觀念之時，所搜集來的觀念，數量上要完全無缺，對各觀念的內容要認識完全。⑰

所需搜集的觀念包括中介觀念。⑱

4121.所謂知識不是由原則來並不是說知識這個工作不包含求得原則，而是說知識的工作是由考慮個別的觀念開始以得原則，不是反過來由原則開始以得個別的知識。所以洛克說：

---

⑭　見 Essay Four, XII, 2 及 4。

⑮　見 Essay Four, XII, 1。

⑯　見 Essay Four, XII, 6。二處「完全」，一處為complete，一處為perfect。

⑰　參 Essay Four, XII, 14。

⑱　見 Essay Four, XII, 7 及 14。

概括的和確定的真理只是建立在抽象觀念的各種習性和關係
上的。⑲

所謂抽象觀念即是由同類的個體而來的觀念⑭，所以由此可得
概括的知識或原則。他繼續說：

因此，要想在各種關係方面找尋出各種事理來，並且真正的、
確定的把它們表示在概括的命題中，則我們必須機敏的，有
規則的，來應用我們的思想，把那些關係找尋出來。⑭

這時，他以數學為例，因為數學家們「常是由很明白、很容易
的起點，按部就班，藉著一長串連續的推論，發現出、解證出，乍
看之下似乎非人力所能到達的真理來。」⑭
我想在此處他所要表示的是數學家也是由尋找觀念們的關係
著手，我所引上文在說明他們之如何尋找這關係。同時，這也表示
了數學的知識並不是由公理或原則開始。⑭

---

⑲　見 Essay Four, XII, 7。
⑭　參拙作〈洛克論觀念的形成〉一文第82條，《文史哲學報》第三十二
期。
⑭　見 Essay Four, XII, 7。
⑭　見 Essay Four, XII, 7。
⑭　參 Essay Four, XII, 15。又，數學之被洛克引為知識的例子，是在於
此。未必是由於他以為數學是典型的，固然數學知識也許是相當確定
的。參 J. D. Mabbott, *John Locke*, Chapter 10, "Knowledge". Cam-
bridge, Massachusetts, 1973。

　　他還認為用同樣的方式，即，由明白的、容易的（我想，亦即個別的）觀念開始，尋找觀念們的關係，可以使道德學較明白一點。⑭

　　41211.洛克之所以舉數學為例還有一個原因，即，被數學家所考慮的觀念即是對象。不像別的學科，它們所考慮的觀念背後還有對象。

> 在前一種學問中，我們的抽象觀念就是實在的和名義的本質，因此，我們只思考我們的觀念，只考慮它們的關係和聯絡，我們就可以進步。⑮

這前一種學問我想即指數學（也指道德學）。

　　4122.由於數學所考慮的觀念同即是對象，所以數學不會有對它們要研究的對象並無觀念出現的情形。可是以體為對象的學科就有這種情形，因此也就得不到概括的知識。⑯

以體為對象的學科有得不到觀念的情形，這話有歧義。所謂體可以指物體，可以指本體。科學家研究物體，但是並未得到物體的一切觀念，例如由於感官之有極限又尚無足以完全補救它的儀器發明出來之時即是如此。哲學家研究本體，則是對本體完全沒得到觀念。我想洛克是指的物體，不是指的本體。因為他有這樣的話。

> 各種體所給與我們的材料，並不足為概括知識的對象，而且

---

⑭　見 Essay Four, XII, 8。

⑮　見 Essay Four, XII, 9。

⑯　見 Essay Four, XII, 9。

　　我們如果只思考它們的抽象觀念，……⓯

可見對體仍有觀念，不是全無觀念，因之是物體，不是本體。（也
許有人要說哲學家對本體也有一些觀念。是的，不過這些觀念是對
本體的規範，無關本體的內容。）

　　而且在別的地方，洛克明白以科學為例。⓰

　　另一方面，本體是洛克所要排斥的。⓱

　　不過洛克有以為科學家所尚未得到觀念的那一部分正是對一

⓯　見 Essay Four, XII, 9. 又見 Essay Two, XXIII, 3,「我們得到人、馬、
　　金子、水等等的觀念；對於這些體，我們除了有一些並存在一起的簡
　　單觀念以外，是否有人有進一步的、清晰的觀念，我（只好）訴諸各
　　人自己的經驗。是在那塊鐵或鑽石可以觀察到的普通性質，放在一起，
　　造成那些鐵匠或珠寶匠比哲學家知道得更清楚的體之真正的複雜觀
　　念。」尤其是最後一句。再見 Essay Three, IV, 19,「不過我此處所謂黃
　　金，乃是指一片特殊的物質而言，就是指實在鑄造出的那個金錢而
　　言。」

⓰　見 Essay Two, XXIII, 11之以金子為例。又見同章第十二節。再見卷四
　　第三章第二十六、二十八節，第四章第十二節，第六章十五節。再見
　　卷三第六章第八節。

⓱　見 Essay Two, XXIII, 15,「我們的實體觀念在〔清晰程度和明白程度〕
　　兩方面都是曖昧的或是完全不存在的。」又見 Work, i. 371 (First
　　letter): "I must take the liberty to deny there is any such thing *in rseum
　　natura* as a gencral substance that exist itself or makes any thing." （在
　　Aaron, *John Locke* p.175, N2也可見到。）再見 Essay 卷三第三章第十
　　一節,「各種事物的存在都是殊別的，即使是那些字詞與觀念。」這曾
　　引用於拙作〈洛克論觀念的形成〉頁58,《文史哲學報》第三十二期。
　　更見卷二第二十三章第四節:「實則我們對這種假設的支柱，完全沒
　　有明白的或清晰的觀念。」還見卷三第六章第十四節之提出數個困難。

個物體的性質具有決定作用的部分的這種看法。❶這可以說是他雖想排斥本體這個概念，卻未能徹底把它從他心中消除掉，而殘留了一些對本體的規範，同時無形中將這規範加諸於物體。——也正因此當代學者仍有人以為洛克認為物體有所謂本質。

既以這規範加諸於物體，則可自上引「並不足為概括知識的對象」一語引伸出科學並未能得到概括知識，❶而只能自限於既得的觀念們（即，經驗）之間，❶只能限於假設。❶

這假設法可能即是他所云不同於數學方法、不同於由考慮觀念開始的方法的「另一種十分差異的方法」。❶

413.人的知識有一部分是由己的，有一部分是不由己的。

> 如果人的知識是必然的（或指，即不由己的），則一切人的知識不只是相似的，而且人人都會知道一切能知道的事情；如果它是完全自願的，則有些人竟然會完全不注意它，竟然會完全沒有知識。❶
>
> 在知識方面我們所有的自由，只限於運用官能來思考此種物象，或收回官能不思考的彼種物象；只限於觀察它們可以忽

❶　見 Essay Four, XII, 11的前幾句。又見同卷VI, 11；III, 12～14；及卷三第六章第八節。

❶　見 Essay Four, XII, 10。We are able, I imagine, to reach very little general knowledge concerning the species of bodies, and their several properties.。

❶　見 Essay Four, XII, 9 及 10。

❶　見 Essay Four, XII, 12 及 13。

❶　見 Essay Four, XII, 9。

❶　見 Essay Four, XIII, 1。

詳忽略。但是我們只要一應用它們，則我們的意志便沒有能力來決定人心所知道的事物。能決定知識的，只有那些明白被我們所看到的物象自身。⑯

換言之，要不要去有知識，這點是可以由己的。但是知識的內容如何，則是不由己的。

因此，一個人如果得到了數目的觀念，並且費心來比一、二、三之和同六，則他便不能不知道它們是相等的。⑰

由「費心」二字可知，不但在要不要去有認識方面，甚至在要不要有知識方面也是可以由己的。不過我想，不看可以閉眼，不思，倒未必即能閉心。所以宜緩和一點說，而如：在要不要去有知識方面，也是有相當程度的自由。

洛克又認為人如果去有了自己是

一個有智慧而甚脆弱的東西〔這個觀念〕，而且又〔有了我〕是依靠於另一個永久、全能、全智、全善的東西的〔觀念〕，則他便會確知應當尊敬、畏懼、服從上帝。⑱

如此，連「應然」方面的知識的內容也是不由己的。道德學的內容也當是不由己的，而可趨於確定了。

---

⑯ 見 Essay Four, XIII, 2。（加黑點者，原文非斜體。）

⑰ 見 Essay Four, XIII, 3。（同⑯）。

⑱ 見 Essay Four, XIII, 3。

4131.我想413條與知識之為「對於觀念的」這點有連帶關係。它之緊接著第十二章之後被提出，也正可以顯示這點。

42.指出引致錯誤的「同意」的因由。❺

  1.由於缺乏證明。❻

  2.由於沒有能力來應用證明。❻

  3.由於沒有意志來利用它們。❻

  4.由於計算蓋然性的度量是錯誤了的。❻

⑴我們所認為原則的各種命題，本身如果是不確定，不顯然，只是可疑的，虛偽的，則我們的尺度是錯誤的。

⑵傳統的假設是錯誤的尺度。

⑶強烈的情欲或心向也是。

⑷權威，也是。

第二節　洛克《人類認知論》卷四的結構性處理

001.問題的提出

洛克《人類認知論》卷四共有二十一章，O'Connor以「知識的本性」和「判斷和意見」這二章來敘述它們，在「知識的本性」這章。子題是：

---

❺　見 Essay Four, XX。

❻　見 Essay Four, XX, 1, 2, 3 及 4。

❻　見 Essay Four, XX, 1及5。

❻　見 Essay Four, XX, 1 及 6。

❻　見 Essay Four, XX, 1 及 7。

直覺與演證

知識的對象

觀念的實在性

存在的知識

由感覺得到的知識

這五個子題是否為洛克的綱目,是否涵蓋了洛克所論的一切?似乎不是。洛克是以四種契合作為知識通論這第一章。以三種獲得知識的能力或作用或途徑,即直覺、演證、感性,來論知識的明白性的程度,這是第二章。然後即以此三途徑作知識的分類,而以這三類及物的範圍的廣狹檢視知識的範圍,這是第三章。接著以觀念之是否有外物符應作為人類知識的實在性問題的解答。要說「知識的本性」,我想,就在這三章裡了。可是O'Connor所列出的綱目幾乎完全是另一回事,而且,他竟把「命題」當作知識的對象。**⑯**知識的對象是觀念間的契合,不是命題,所以似乎可以說,他在大處犯了大錯。至於另一章「判斷和意見」可不必再論了。

我這是借 O'Connor 來提出問題。《人類知識論》卷四本來自有結構,可是洛克未作交代,因此讀的人可能自己另立綱目來論述它、對待它。而所立的綱目又可能是來自時代的流行者較多於來自洛克自己的。於是便導致像把命題當作知識的對象這樣的事。所以對卷四作一個結構性處理是必要的。所謂結構性處理簡單說就是試試看能否把這二十一章書安排在一個結構裏邊。這沒什麼,也不難。只是說,你有沒去做,有沒想到去做而已。

5.卷四的結構

51.卷四的大結構

⑯　見 O'Connor, *John Locke*, Dover Publication, p.171。

　　在以上 1、2、3、4，這四個號頭我標上第一單元、第二單元、第三單元，和第四單元，這即是卷四的大結構。也即卷四分為四個單元。不過卷四的最後一章，「學科的分類」，我看是屬於全書的，而且已在拙作〈洛克論觀念的形成〉 ❶❻❺ 一文處理過，不在第四個單元裏面。

　　第一單元是什麼呢？是論知識，第二單元呢？論「命題與真理」這件事，第三單元又是什麼？是論人未能得到知識以後的種種。

　　這三個單元所構成的結構怎樣呢？首先，這三個單元各論一方面的事，是三者分立。但是，其次，第一單元和第三單元是對立的，一個論求知識這方面的事，一個論不能求到知識以後的事。而中間的第二單元處於什麼位置呢？

　　第一單元之論求知識這方面的事，是由事物到觀念，由觀念到人心中的知覺，對觀念們的契合的知覺，再由人心的知覺到所知覺的之被表出為文字的命題。而第二單元則是由文字結合成的命題到文字所代表的觀念們的契合，再由觀念們的契合到事物們的連結。二者一來一往，雖然路是同一條（所以 O'Connor 以命題為知識的對象）。命題裡的觀念們的契合之符合事物們的連結者謂之真理，所以第二單元論的是「命題與真理」，亦即怎樣由命題得到真理，以及一些特舉的命題之是否能讓人得到真理。而第一單元則是論怎麼樣由事物求到知識。知識與真理，內容一樣，但是方向不同。

　　這麼說來，一二兩單元是處於相反的程序，而一三兩單元則是位於相對的領域。程序之有順逆的方向，在洛克論觀念的形成也出現過一次，可參閱拙文，至於第四單元則是對其上三個單元所存在或出現的一些問題或困難的澄清與補救。如是，這四個單元互相有

---

❶❻❺　參拙作〈洛克論觀念的形成〉，《文史哲學報》第三十二期。

著關聯而結成一體。

52.第一單元的結構

由1字號頭以下的次分，即11、12，已可看到第一單元的結構，先是提出知識這件事，其次是檢討這件事。

11又次分為111、112、113和114。前二是我行文方便而分。所以「提出知識這件事」是分二段（111與112為一段，113為一段）進行，先在原則上指出知識是什麼一回事，再一一舉出這回事的四種。「知識是什麼一回事」的指出實際有兩方面。第一方面是指出這事是什麼，第二方面是指出這事出現的時際。前者即知識是一種知覺，後者即指出這種知覺可以在記憶中出現，換言之，這種知覺在記憶中出現仍舊算是知識。而記憶中出現的又次分二種，一種是帶有獲得這知覺的論證的，一種沒有。從這裡可以看出表面上洛克在提出知識的一個分類，可是這提出在這第一單元所佔的結構上的位置也是在指出知識是什麼。就是說，知識是一種知覺，只要是這種知覺便是知識，不論這知覺在何時何地出現，也不論這知覺是否帶有論證。洛克在提出這個分類（實在的知識和習慣的知識）之前先說了一句話。

　　我們還當先來考究「知識」一詞的各種意義。　**⑯**

正是表明他之提出這分類在於再指出知識一詞的意義。所再指出的是什麼呢？知識是一種知覺，不論這知覺……。

因此，114併入111。

這第一段見於卷四第一章。

---

⑯　見 Essay Four, I, 7。

在一一舉出這事的四種這一段，說出每一種之是什麼、之如何得到、之有什麼特性。不過他事實上並未在每一種都說到這三方面。

12是在檢討11所提出的這件事。知覺是一種作用，這作用有成品。成品的品質如何，成品有多少，成品的威力或效力多大，成品有無實物與之符應，這些「如何」、「有多少」、「有多大」、「有否」便是檢討的項目。這些項目雖然是成品的，但成品由能力來，由作用來，所以檢討這些項目，同時也是檢討了這些能力或作用。

而這些項目即：知覺的明白性的程度，所知覺到的契合有多少（知識的範圍）， 所知覺到的契合能適用於多少同樣的契合（知識的普通性），知覺的實在性。

這第二段見於卷四第二、三、四章。但是第九、十、十一這三章論三種存在，也屬於這一段。

521.為什麼52所述是所謂結構性處理呢？結構由部分構成，而每一部分有它在這結構中的地位亦即任務或角色，部分與部分之間又有關係，所以指出這一單元含有二段，每段所扮演的任務（提出與檢討），二段的關係（前後相隨），就是作了結構性處理了。

53.第二單元的結構

這單元含三個部分。第一部分在提出「命題與真理」這件事，並提出命題的一個分類，與跟這個分類相應的，真理的一個分類（即21、211）。

第二部分在提出「命題與真理」這件事提出以後所要做的第一件事，即，要求我們在考求真理之時完全拋開文字以達到思想真理。而這件事之所以要做是由於命題之已知有兩類。（即211）

以及第二件事，即討論命題在什麼時才真。心智命題何時成為思想真理，口頭命題又如何成為文字真理。（即212）

　　和第三件要做的事是論命題成為真理以後的用處問題。什麼用處呢？幫助我們求得知識。但是命題有好多種，所以用處也就有了等級程度。（即2121）——在這裡我們可以看到，第一單元的反向，第二單元，也在討論求知識，由觀察觀念們可以得知識（正向），由研究命題也可以得知識（反向）。O'Connor未作結構性處理，所以很容易地，誤將命題作知識的對象了。

　　第三部分是接著上述的第三件事而特別提出三種命題來檢查它們之是否能讓人由它們得到知識。這三種命題是普遍命題、公理、與瑣碎命題。（即22、23、24）

　　這三個部分也有相隨的關係。

　　這第二單元包括卷四第五、六、七、八這四章。

　　54.第三單元的結構

　　人心在不能得到知識之時之處仍舊想得到知識，所以有了這個單元，而這個單元便與第一單元有相隨的關係，除了對立的關係以外。

　　這時人心做出判斷、同意、信仰、狂熱這四件事。這四件事的關係如下：

　　判斷與同意是同樣的動作，但是所施的對象不同。判斷施於事物，同意施於命題。其次，人是先判斷後同意。亦即判斷與同意雖然是同樣的作用，可是是二次作用。

　　假如不經過判斷就同意，這便是信仰，在這裡信仰與同意站在對等的位置上，於是判斷、同意或信仰各在同一個結構裡分佔一個位置。

　　人為什麼能判斷呢？這因為一方面人可以在事物上看到蓋然性，一方面人有理性能力。——蓋然性與理性是第三單元的另二個

部分，它們因為與判斷這部分有如此關係而與其他各部分也連帶發生關係，即，同在同一個結構中分佔一個位置。

　　讓人能夠信仰的力量或來源是啟示，啟示因此相當於對於判斷這事的蓋然性與理性。不但是地位相當而且還高出之。所以啟示這個部分也在同一結構體中取得一個位置，這位置是與其他幾個位置平行的。

　　其次，啟示符合或不違背理性，所以又在這點與理性有了對照的關係。

　　另外，還有狂熱這個部分，它是同意（或信仰⑯）的第三種根據，因之也在結構中佔一位置。

　　第三單元的結構，可以表示之如下：

　　蓋然性

　　　　　　　　　　判　斷──同　意

　　理　性

　　　　　↑↓

　　啟　示　　　　　　（缺）──信　仰

　　狂　熱

　　這第三單元含蓋卷四第十四到十九章。

　　55.第四單元的結構

　　知識之有不由己的與由己的這二部分，與知識之為對觀念們的

---

⑯　見 Essay Four, IX, 3。括號內文字是我加的。又，另二種根據是理性或推論及信仰。（依 Fraser 的注）

契合或不契合的知覺有關，因之第十三章與第十二章之闡明知識之來自觀念有關。

至於第二十章與第十二、十三章同屬澄清與糾正，所以成一單元。

第三節　洛克《人類認知論》卷四的論旨

002.本文所云論旨可說是隱藏在「內容」背後的。或「內容」所追求的，亦即「內容」的目的、目標。

由於是隱藏的，所以未必皆為洛克所自覺的。

6.洛克《人類認知論》卷四的論旨。

61.第一單元的論旨。

611.指出什麼是知識：對觀念們的契合或不契合的知覺。

611001.說出知識是什麼這個問題的答案固然是論旨，然而問題的提出，或提出問題這個企圖更是論旨。

1.這個答案包含第一點，先有觀念，才有契合。

2.第二點，知識不是觀念們自身，而是觀念們的契合。

3.第三點，不是觀念們的自身，是否便即為觀念們的契合？答案是，是。因為既然不是觀念們的自身，那便只有是觀念們所發生的。而觀念們所發生的只是契合或不契合。

4.知識為什麼不是觀念們自身？因為知識所求的不是材料，而是對於材料的。

5.洛克所提的四種契合是否已經窮盡？是。因為二個觀念之間的是關係，所以只要一種契合關係，即已窮盡。但是洛克把同異這個關係和共存這個關係特別挑出來，乃有了第一、第二、第三種契合。至於第四種契合事實上是觀念與外物的。

6. 知覺包含二個步驟，先知覺 (to perceive)、次知道 (to know)。⓰

7. 在知覺、記憶、想像、猜想、和相信，這些作用之中只有知覺被列為知識。⓱

8.知識為什麼是知覺？又為什麼只有知覺才是？

因為知覺是直見的。見字在中文有見與現二義，直見的見剛好也兼含這二義。知覺是人心所直見的，同時是物所直現的。想像、猜想、相信，都無所見，當然也無所直見。至於記憶，雖然是見，但非直見。所以只有知覺是知識。但因為雖非直見，卻仍為見，記憶乃勉強算是知識。

9. 想像、猜想、相信既非知識，為何與知覺連帶提及？因為它們的目標也在於有所見。目標相同，所以類聚。——這，是知覺是直的一個旁證。

10.對於觀念，人心也有所識。但是到了知覺觀念們的契合才叫知識，可見對觀念的識不是知識，那麼是什麼呢？我現在名之為認識。亦即，往下本文中認識與知識二詞有別。洛克對於知識的定義可以發展出認識與知識的分別。——為什麼知識是對觀念們的契合的知覺？這個問題現在可以這樣回答，因為知識不是認識。

11.知覺一詞可指一種作用，也可指這作用的成品。解證一詞也是如此，但是解證這作用的成品是知覺，所以是知識的一種。

612.對直覺、感性、理性，作比較。

1.直覺似乎是離了感性，它是對觀念們的契合行知覺，而不是對觀念們行知覺。要得到觀念，有時需要感覺，例如以感覺得紅與

⓰　見 Essay Four, Ⅰ, 4 第二句。

⓱　見 Essay Four, Ⅰ, 2。

藍。但是對紅與藍二者的不契合，則是用的直覺。直覺與感覺相隨，可是相隨卻分別。直覺雖在直字，**⑰**其所以能直，在於「現」，「呈現」。直覺重在確，其所以能確，在於直、在於已離感性，亦即在於觀念們已經到了心中，無所變遷。直覺之所以能確，不在於觀念們之明白清晰，而在於觀念們之已到達心中而無所變遷，而能有「直」字。「直」未必能「覺」，「直」所達成的是「確」，而不是「覺」，有「覺」才能有「覺的確與不確」。所以說：

> 我們的觀念如果是明白的、清晰的、曖昧的、或紛亂的，則我們的知識亦必然會如此麼？我可以答覆說，不是的。因為我們的知識既成立於我們對兩個觀念間的契合或不契合所有的知覺，因此，知識的明白或曖昧，只看這種知覺是明白或曖昧而定，而不看觀念們本身是明白或曖昧而定。**⑰**

這段話不獨表示知識與認識之有別，而且表示在知識方面並非有「覺」即「確」。「覺而且直」則能確。「直」的可能在於觀念們之「已在」心中，例如三角形的三角固然已在心中，但是二個直角並未出現在心中，所以不能「直」覺。要等到那三個角湊成一個角（這是一個觀念），又有了二個直角之湊成一個角（又是一個觀念），二個觀念都已在心中，便能「直」覺而「確」了。

2.而理性卻是設法使那三個角湊成一個角的，它所形成的結論就是那個直覺。**⑰**所以在這裡理性是所以達成直覺的一種能力及這

---

⑰ 英文 intuition [*in*-at+*tueri* to look]，無「直」字在，但意思仍有之。

⑰ 見 Essay Four, II, 15。

⑰ 參 Essay Four, XVII, 3。在 2，甚至說是知覺到。

能力所作的企劃。人心是在這企劃的最後一個階段，亦即直覺，知覺到二個觀念間的契合或不契合的。如果理性將那三個角湊成一個角呈現在某人心中，又將一個是二個直角所湊成的角呈現在他心中，可是他不能有直覺，理性的努力也是徒然的。

當然這裡有普遍性的問題，即理性所作的不只是當下這個三角形的三個角之湊成一個角而且湊成的角等於二個直角，而是任何一個三角形的三個角的。

其次，理性甚至可以不必向人心呈現「角」，而使人知覺凡三角形的三個角都等於二個直角。

可是，在這二種情形下的「等於」，仍舊是由直覺知覺到的。直覺是對「等於」的知覺，而不是對在「等於」的兩邊的知覺。例如，理性所作的也許是，

$$B+C+D=A \qquad\qquad E+E=A$$

最後是，

$$A=A$$

在這裡，A、B、C、D、E，都是普遍性的，也不必是圖形。但是，A=A的「=」是直覺所知。而且

B+C+D=A的「=」也是直覺所知覺，

E+E=A的「=」也是。

除非「=」僅止於標記，但是標記並非知識。所以洛克要有第二單元。也許人還可以說，人能運用標記，也是對標記的知識。好，當E+E出現，A出現，你就知道將「=」這標記放在它們之間，你怎麼知道呢？是因為已經有另外的標記出現過。以此類推。在這過程中，情形是，當有三個標記出現以後，你「就」「知道」將第四個標記放在第一和第二兩個標記中間。這「就」「知道」便是直覺。

3. 感覺是讓觀念出現在心中的（並非一切觀念都要靠感覺而出現心中），它所重的在「實」，而且它對觀念們之「間」無與焉。

所謂「實」指實在有這個感覺，**⑱**並不是指實在有外物，雖然讀者可能會如此誤會。而且洛克自己也似乎如此誤會。夢中的火的感覺不實在，實地的火的感覺實在。有火沒有，在夢、在實地，都是另一問題。

在不誤會的情形下，人由一個感覺之為實在，而推論有外物與之符應，但是這推論，說不上「確」。在誤會的情形下，人相信既有實在的感覺即確有相應的外物。**⑲**就在這誤會與不誤會之間，感覺被認為與外物有契合或不契合可言，而列為知識的一種。但這知識的確度是比非知識的確度多，而比知識的少。**⑮**──其實是知識便是是知識，是非知識便是非知識，並無模糊的餘地，這裡只是表示一種心態而已。

512001.有時洛克也將直覺一詞用於觀念之獲得，而不必是對觀念們的契合的知覺。例如

> There can be nothing more certain than that the idea we receive from an external object is in our minds: this is intiutive knowledge. **⑯**

這是洛克的不一致。本篇第 12131 條已引用過。不過這直覺可能仍

---

⑲ 見 Essay Four, II, 14。

⑭ 見 Essay Four, IV, 3。

⑮ 見 Essay Four, II, 14。

⑯ 見 Essay Four, II, 14。

是對於觀念們的契合的。

613. 其中含有知識之為對觀念們的契合的知覺這個看法的效果。

1.知識的程度與範圍都不會大於或多於觀念的。

2.知識的實在性在於觀念們之是否有外物符應，不是像 Plato 只在於觀念們。

3. 所云知覺到頭來來自直覺，因之知識是呈現的；所云實在性指有外物之符應，所以知識到頭來是個別的。

614.視複雜觀念自身為事物。❼

615.人的知力是弱且窄的，但尚不至於懷疑。❽

616.對他自己所揭櫫的三大問題有了解答。❾

62.第二單元的論旨。

621.在於為對觀念們的契合的知覺是否有用作辯護。⓮

622.在於指出一些大家喜歡稱道的命題之是否有用及其原因。

623. 在於指出由命題求真理時所應注意的事項，其中最主要的在於提醒人們去了解抽象觀念的用處是在於它的能普遍涵蓋個別事物，而不是在於它可以不必及於個別事物。事實上它必須及於個別事物。⓯

63.第三單元的論旨。

631.從一些事象中提出或指出退一步的知識（如判斷）及其應

---

❼ 見 Essay Four, IV, 5。

❽ 見 Essay Four, IV, 3, 6, 16, 及IV, 2, 14。

❾ 見 Essay One, I, 2（亦即 Introduction 第二節）。

⓮ 見 Essay Four, V, 7～8。

⓯ 見 Essay Four, VI, 4～5。

注意的事，以及進一步的知識（如啟示）及其應注意的事。

632.隱含著一個看法，理性作為自然的啟示❿時站在高位，作為直覺的助手時，❽處於低位。這即是說，理性有高低位。

64.第四單元的論旨

前一部分在強調知識之：起於、在於、對象、對對象的觀念、觀念之間，而不是：起於、在於、命題或原則或公理。

這個強調除了澄清或闡明人們與洛克自己的見解以外，還顯示了「知識」與「命題」二者地位的安排。

後一部分則顯示洛克對於「非知識」的態度，不是貶落之，而是接納之，因為這是人類的極限，然後力求其增進。

第四節 批 評

7.批評。

71.對第一單元的批評

711.

1.有觀念們的契合未必即有事物們的連結，例如「是或不是」，亦即「同與異」， 是觀念們的契合或不契合，卻未必是事物們的連結或不連結。一塊白色與一塊黑色之是否連結，與一塊白色之是不是一塊黑色，是兩件事。一塊白色與一塊黑色之是否連結，跟白是否黑完全無關。但洛克卻認為觀念們的契合有事物們的連結與之相應，而這也即是由命題能到真理的關鍵。❹

---

❿　見 Essay Four, XIX, 4。

❽　見 Essay Four, II, 2。

❹　見 Essay Four, V, 2 及 8。

2.因此，簡單觀念的實在性固視有無實物而定，但對觀念們的契合的知覺，其實在性卻未必都要在於外物。

3.契合之分為四種不無牽強之處。因為第四種契合根本就沒有。一頭是觀念，一頭是外物，所以並無二個觀念間的契合，而且外物根本也不會出現。事實上洛克自己也似乎在名稱上列舉這樣一種契合而已，在實際說到契合時就未必說它是一種契合。⓲

4.他舉「上帝存在」作為第四種契合的例子，⓳其實，「存在」是認知的結果，不是認知的對象。所以「上帝存在」並不是對上帝與存在這二個觀念的契合的知覺，而是對上帝的知覺。

5.所云感性的知識，其實是感性的認識。

712.

1.洛克說，由於人心之知覺觀念們的契合或不契合有不同的途徑，所以知識有或高或低的明白度。⓴但是途徑之所以不同是由於觀念之不同。因此，知識的明白度是否視人心的能力或認知途徑而定，恐怕有問題。直覺的知識之所以強與足，是來自直覺還是來自觀念們的呈現呢？

2.他所論的知識的實在性似乎是觀念的實在性。

713.雖然他對知識的定義可以導致知識與認識的區分，但是他自己卻有混淆二者的時候，這由以上711之1.，與712之2.可以見到。這個混淆還影響到他對於感性的評價。其實感性是認識能力，不是知識能力。是不必把它放在知識的領域來論其高低的。

72.對第二單元的批評

⓲ 例如 Essay Four, III, 2。

⓳ 見 Essay Four, I, 7。

⓴ 見 Essay Four, II, 1。

洛克認為體這個觀念應該含有這個觀念的實在組織，否則就不能從對於體的普遍命題得到知識。[188]這個看法是跟他之認為普遍命題如何才能使人得到知識的看法一致的。

科學對於一件事物的了解一直尚未達到百分之一百的境界，將來是否能夠也是問題。洛克似乎認為這就是對一件事物的實在組織尚不清楚的緣故，於是這裡意味著一件事物是有它的本質的，而這本質卻是人一直未清楚知道的。這個「意味」我想可能是出於誤導。說起來，話會比較長。此處只宜提到而已。

73.對第三單元的批評

洛克在第三單元使理性居於高位，而且來自理性的知識是啟示（啟示是自然的理性），[189]這和他經驗論的立場是否一致呢？

既然洛克的思想可以導致認識與知識的區分，也許我們可以這樣說，在認識方面，洛克是經驗論的，但是在知識方面，他是理性論多於經驗論的。我想，這是我對他的主要批評之一。不過，認識先於知識，所以就知識的起源說他還是經驗論的吧。可是，這樣的話，理性論者也是經驗論的了。這也就是，如果分別認識與知識，就不會有經驗論者和理性論者這二個詞了。

74.對第四單元的批評

這一單元對於知識與命題之地位的釐定很有幫助。對於知識是來自觀念這點也在這單元再得到有力的肯定。

洛克對假設法及自然科學的態度是引起爭論的問題。但這問題在卷四的結構中只佔次要的地位或並未安排地位，所以非拙文所必須介入。不過洛克是安於「非知識」而力求人類之增進之，卻未必

---

[188]　見 Essay Four, VI, 15。

[189]　見 Essay Four, XIX, 4。

貶落之。這點我想是爭論這問題時宜了解在先的。⓮

75.總評。

這我在「前言」已有所及，現在就洛克對於知識所下的也許是定義的那話，知識是對觀念們的契合或不契合的知覺，略說幾句。

首先，是否都是「對觀念們」？我想，就他所達成的成果說，不是，因為第四類契合，觀念和實在間的契合中的實在便不是觀念。但是，就要求說，是。他是這樣要求。也許人要說，他這要求錯了。我想沒錯，他必須如此要求，只是這要求注定不能實現。為什麼必須如此要求？因為知覺必須有內容，發生關係的一端如果不是觀念，這關係雖可以存在，但人對之無知覺，知覺的內容是來自觀念的。── 不能實現，這可以暗示，某些地方有了錯誤。不過如其如此則是所有的哲學家都如此，似乎是如此，所以在這個 context 中，只能說洛克失敗，而不能說他錯誤。

其次，這第四種，由於仍要求二端都是觀念，所以並未產生他自己的不一致的問題，而是產生他命定的缺陷。這缺陷也許有人以可由人對觀念與觀念所指的實物的契合的「親密」(intimation)來補救。⓯我想，不行。你與一個人接吻，你對他的嘴唇有了許多感覺，二人的接觸親而密，但這些知覺都在你這一端，即，你的觀念，你對他的嘴唇以及二人間的親密自身之在於他的部分，都無觀念，即無知覺。

⓮　參 Laurens Laudan, "The Nature and Sources of Locke's Views on Hypotheses"，收在I. C. Tippton ed., *Locke on Human Understanding*, pp.149～162。

⓯　參 A. D. Woozley, "Some Remarks on Locke's Account of Knowledge"，收在同書pp.141～148。

　　知識是否必須都是知覺呢？答案已見過了，是，因為知識得有內容。但是這會不會使知識的範圍趨於狹窄呢？例如，它並未涵蓋所謂契合與不契合之如何發生。⑱我想，當人知覺到契合或不契合之「是何」就已經同時知覺到其「如何」。這一點，也許是一向被忽略的。至於目的判斷、價值判斷，是否列入知識的範圍，這是大家的問題，不宜以此作為洛克的「定義」之是否狹窄。

　　76.我在第一、二、三節行文之際，已有零碎批評，茲錄其條碼。1131、1135、1211、12131、123、1231、33。

---

⑱　　仍參 Woozley 該文，同書 p.141，I 。

洛克年表

1632年　　8月29日

約翰・洛克出生於英格蘭西南部的索美塞得郡(Somerset)。父親也叫約翰・洛克，母親是Agnes Keene，在1630年結婚，他是長子。

1646年

進入西敏寺學校，學習拉丁文、希臘文、希伯萊文和阿拉伯文。(以後他批評該校教學——太著重語文。拉丁文是當時通行的學術語文，他認為希臘文應讓專家去學。而該校對希臘文教學是非常嚴苛。)

1652年

獲得牛津的基督教會學院 (Christ Church) 學生資格，往後的三十年即似乎以牛津為家。他在此修修辭學、邏輯學和文法。學習到容忍的精神，熱衷於宗教的自由。

1655年

獲文學士學位(BA)。

1658年

獲碩士學位(MA)，也成為該學院的資深學員。

1660年

皇家學會(Royal Society)在牛津成立。認識著名的化學家波以耳(Sir Robert Boyle)以後的六年中,常去波氏的實驗室作實驗,建立他以後對科學和醫學的實驗基礎。

1660～63年

開始從哲學觀點撰寫關於執政權和在道德與神學方面的自然律諸課題的論文。

1665年

11月作沃爾特‧范爵士(Sir Walter Vane)的外交秘書。

1667年

成為亞斯力男爵(Anthony Ashley Cooper, Baron Ashley)的私人醫生。此時也認識當時名醫托瑪士‧薛登漢(Thomas Sydenham)使他在醫學上從實驗室轉移到床邊,兩者的合作,相互影響醫學哲學。該男爵查理二世封為沙佛茲伯(Lord Shaftesbury),洛克成為他的親信秘書和政治顧問。

1668年

成為皇家學會會員。

1671年

撰寫《人類認知論》兩次草稿。

1672年

沙佛茲伯成為貿易和殖民會議的主席,洛克任秘書職一直到1675年生病而去法國為止。該年獲得醫學士學位(MB)。

1679年

返回英國。沙佛茲伯兩次入獄,雖在1681判無罪,但其忠貞受質疑。

1681年

完成《政府二論》(Two Treatises of Government)到1690才出版。

1684年

查理二世要基督教會學院院長拿掉洛克學生資格。逃亡荷蘭。

1685年

著手《人類認知論》第三次草稿，到次年才完成。

1689年

返回英國。

1690年

《人類認知論》問世，（版權只有30英鎊）。他拒絕外交官的任命，卻接受Commissioner of Appeals（訴訟司長）職務。

1695年

《基督教的合理性》問世。

1704年

10月28日逝世，享年72。

參考書目

1. John Locke, *An Essay Concerning Human Understanding*.

2. Richard I. Aaron, *John Locke*, 1971.

3. D. J. O'Connor, *John Locke*, 1966.

4. D. J. O'Connor, *John Locke*, 1967.

5. I. C. Tipton (ed.), *Locke and Human Understanding*, 1977.

6. John Mackie, *Problems from Locke*, 1976.

7. G. W. Leibniz, *New Essays on Human Understand*, 1981.

8. J. Bennett, *Locke, Berkeley, Hume Central Themes*, 1979.

9. J. W. Yolton, *Locke and the Compass of Human Understanding*, 1970.

10. J. D. Mabbott, *Locke*, 1973.

11. C. B. Martin and D. M. Armstrong (ed.), *Locke and Berkeley*.

12. Stephen P. Stich (ed.), *Innate Ideas*, 1975.

13. A. C. Fraser, collated and annotated, *An Eassay Concerning Human Understanding*; Dover Publications, New York.

14. R. I. Aaron, *John Locke*, Oxford, 1971.

15. D. J. O'Connor, *John Locke*, Dover Publications, New York.

索　引

二　劃

三　劃

四　劃

世界哲學家叢書（一）

書　　　　名	作　　者	出　版　狀　況
孔　　　　子	韋　政　通	已　　出　　版
孟　　　　子	黃　俊　傑	已　　出　　版
老　　　　子	劉　笑　敢	排　　印　　中
莊　　　　子	吳　光　明	已　　出　　版
墨　　　　子	王　讚　源	已　　出　　版
淮　南　　子	李　　　增	已　　出　　版
董　仲　　舒	韋　政　通	已　　出　　版
揚　　　　雄	陳　福　濱	已　　出　　版
王　　　　充	林　麗　雪	已　　出　　版
王　　　　弼	林　麗　真	已　　出　　版
阮　　　　籍	辛　　　旗	已　　出　　版
劉　　　　勰	劉　綱　紀	已　　出　　版
周　敦　　頤	陳　郁　夫	已　　出　　版
張　　　　載	黃　秀　璣	已　　出　　版
李　　　　覯	謝　善　元	已　　出　　版
楊　　　　簡	鄭曉江　李承貴	已　　出　　版
王　安　　石	王　明　蓀	已　　出　　版
程顯、程頤	李　日　章	已　　出　　版
胡　　　　宏	王　立　新	已　　出　　版
朱　　　　熹	陳　榮　捷	已　　出　　版
陸　象　　山	曾　春　海	已　　出　　版
王　廷　　相	葛　榮　晉	已　　出　　版
王　陽　　明	秦　家　懿	已　　出　　版
方　以　　智	劉　君　燦	已　　出　　版
朱　舜　　水	李　甦　平	已　　出　　版

世界哲學家叢書（二）

書　　　　　名	作　　　者	出　版　狀　況
戴　　　　　震	張　立　文	已　　出　　版
竺　　道　　生	陳　沛　然	已　　出　　版
慧　　　　　遠	區　結　成	已　　出　　版
僧　　　　　肇	李　潤　生	已　　出　　版
吉　　　　　藏	楊　惠　南	已　　出　　版
法　　　　　藏	方　立　天	已　　出　　版
惠　　　　　能	楊　惠　南	已　　出　　版
宗　　　　　密	冉　雲　華	已　　出　　版
湛　　　　　然	賴　永　海	已　　出　　版
知　　　　　禮	釋　慧　岳	已　　出　　版
嚴　　　　　復	王　中　江	排　　印　　中
章　　太　　炎	姜　義　華	已　　出　　版
熊　　十　　力	景　海　峰	已　　出　　版
梁　　漱　　溟	王　宗　昱	已　　出　　版
殷　　海　　光	章　　　清	已　　出　　版
金　　岳　　霖	胡　　　軍	已　　出　　版
馮　　友　　蘭	殷　　　鼎	已　　出　　版
湯　　用　　彤	孫　尚　揚	已　　出　　版
賀　　　　　麟	張　學　智	已　　出　　版
商　　羯　　羅	江　亦　麗	排　　印　　中
泰　　戈　　爾	宮　　　靜	已　　出　　版
奧羅賓多·高士	朱　明　忠	已　　出　　版
甘　　　　　地	馬　小　鶴	已　　出　　版
拉達克里希南	宮　　　靜	已　　出　　版
李　　栗　　谷	宋　錫　球	已　　出　　版

世界哲學家叢書（三）

書　　　　　名	作　　者	出　版　狀　況
道　　　　　元	傅　偉　勳	已　　出　　版
山　鹿　素　行	劉　梅　琴	已　　出　　版
山　崎　闇　齋	岡　田　武　彥	已　　出　　版
三　宅　尚　齋	海老田輝巳	已　　出　　版
貝　原　益　軒	岡　田　武　彥	已　　出　　版
楠　本　端　山	岡　田　武　彥	已　　出　　版
吉　田　松　陰	山　口　宗　之	已　　出　　版
亞　里　斯　多　德	曾　仰　如	已　　出　　版
伊　壁　鳩　魯	楊　　適	已　　出　　版
伊　本　‧　赫　勒　敦	馬　小　鶴	已　　出　　版
尼　古　拉　‧　庫　薩	李　秋　零	排　　印　　中
笛　　卡　　兒	孫　振　青	已　　出　　版
斯　賓　諾　莎	洪　漢　鼎	已　　出　　版
萊　布　尼　茨	陳　修　齋	已　　出　　版
托馬斯‧霍布斯	余　麗　嫦	已　　出　　版
洛　　　　　克	謝　啓　武	已　　出　　版
巴　　克　　萊	蔡　信　安	已　　出　　版
休　　　　　謨	李　瑞　全	已　　出　　版
托　馬　斯　‧　銳　德	倪　培　民	已　　出　　版
伏　爾　泰	李　鳳　鳴	已　　出　　版
孟　德　斯　鳩	侯　鴻　勳	已　　出　　版
費　希　特	洪　漢　鼎	已　　出　　版
謝　　　　　林	鄧　安　慶	已　　出　　版
叔　　本　　華	鄧　安　慶	排　　印　　中
祁　克　果	陳　俊　輝	已　　出　　版

世界哲學家叢書（四）

書　　　　　名	作　　　者	出　版　狀　況
彭　加　勒	李　醒　民	已　　出　　版
馬　　　赫	李　醒　民	已　　出　　版
迪　　　昂	李　醒　民	已　　出　　版
恩　格　斯	李　步　樓	已　　出　　版
約　翰　彌　爾	張　明　貴	已　　出　　版
狄　爾　泰	張　旺　山	已　　出　　版
弗　洛　伊　德	陳　小　文	已　　出　　版
史　寶　格　勒	商　戈　令	已　　出　　版
雅　斯　培	黃　　藿	已　　出　　版
胡　塞　爾	蔡　美　麗	已　　出　　版
馬克斯・謝勒	江　日　新	已　　出　　版
海　德　格	項　退　結	已　　出　　版
高　達　美	嚴　　平	排　　印　　中
哈　伯　馬　斯	李　英　明	已　　出　　版
榮　　　格	劉　耀　中	已　　出　　版
皮　亞　傑	杜　麗　燕	已　　出　　版
索洛維約夫	徐　鳳　林	已　　出　　版
馬　賽　爾	陸　達　誠	已　　出　　版
布　拉　德　雷	張　家　龍	排　　印　　中
懷　特　海	陳　奎　德	已　　出　　版
愛　因　斯　坦	李　醒　民	排　　印　　中
玻　　　爾	戈　　革	已　　出　　版
弗　雷　格	王　　路	已　　出　　版
石　里　克	韓　林　合	已　　出　　版
維　根　斯　坦	范　光　棣	已　　出　　版

世界哲學家叢書（五）

書　　　　　　　名	作　　　者	出　版　狀　況
艾　　耶　　爾	張　家　龍	已　　出　　版
奧　　斯　　丁	劉　福　增	已　　出　　版
馮　·　賴　特	陳　　波	排　　印　　中
魯　　一　　士	黃　秀　璣	已　　出　　版
蒯　　　　因	陳　　波	已　　出　　版
庫　　　　恩	吳　以　義	已　　出　　版
洛　　爾　　斯	石　元　康	已　　出　　版
喬　姆　斯　基	韓　林　合	已　　出　　版
馬　克　弗　森	許　國　賢	已　　出　　版
尼　　布　　爾	卓　新　平	已　　出　　版